陳子論道

劉成湘敬題

陳霖生編著

陳子論道

誰曾説「人創造鬼神」？

全人類歷史開章以來，唯有中國人老子《道德經》闡釋「道法自然」，數天下科學家、哲學家、政治家、宗教家曾提出「人創造鬼神」！

陳子於 1999 年提出「人創造鬼神」，指出觀點來自全人類天書《道德經》，道是能量統稱，分由「人之道」和「天之道」兩者組成。

「人創造鬼神」是全人類宗教唯一最完美，最無逃避，唯有如此才可求取統一的觀點。"普天之下莫非王土"，這句話，實質是説人（王）創造鬼神。

全人類宗教共以「人創造鬼神」為統一觀，世界宗教也就統一無遐，人類必然共邁世界大同。世界宗教大團結，無怕政客千方百計的煽動和搗亂。

鄧小平先生改革開放，一國兩制為習近平聖人天才發揮，為世界共同體，一帶一路，由中國起點邁向全人類。全人類共邁永遠幸福與和平。

普天之下莫非王土，和平世界樂都。全人類共步「人創造鬼神」。

宗教鬼神人創造　　神仙本性愛和平
中華德報環球讚　　道德為宗世界寧

序

　　一本書寫好了，倘若有名人能賜序，身價飆升百倍。據聞曾有人得名人賜序，書的內容不見卓越却因而洛陽紙貴，名噪一時。序是多麼重要！

　　陳子寫了多本書，總是自己寫序，因有自知之明：

若盼名人肯賜序　除非已是有名人

　　自我努力，唯一是望。簷前石心堅事必成。

　　但在百無聊賴中，却記起一個老朋友伍類斯曾賜贈的一語：**「蠶蟲吐絲，却預想不到竟吐出一條世界絲綢之路！」**

　　這是最樸素最令人發笑的好賜序。不是嗎？

　　陳子用名，將出版一系列書籍：

　　《陳子論道》、《陳子論政》、《陳子論教》、《陳子論報應》等書籍。前三本已寫好初稿，先將《陳子論道》出版。

　　這總算為《陳子論道》再版才找到一則濫竽充數的序。請知情者不要見笑為盼。但名人的序，永遠是陳子渴時的水，永遠誠懇在等待。

世界道學社長
陳霖生自序
2019 年 5 月

自　序

願中國人緊記：晨早當思謀生計，閑時應讀《道德經》。

　　中華文化，像個巧奪天工的園林，應有盡有，琳瑯滿目；心性善良者，踏了進去，則留連忘返，享盡怡情；但心術不正者，走了進去，則嫉妒如焚，恨不得一把火全部燒掉，或掠奪回家、據為己有，火燒圓明園是最好的例證；如果把西方他們罪證細列出來，罄竹難書。西方政客是邪惡的勢力，永遠邪惡仇恨中國秦始皇、漢朝、唐朝保衛和發展中華文化的偉大行為。中國文化恩及整個世界文明發展，但西方知恩圖報者曾有何人？

　　老子和孔子是園林中的兩棵巨大的喬木，茂密參天；一年四季，無分春夏秋冬，總是綠葉蒼蒼和落英繽紛；在整個宇宙中飄舞蹁躚，呼喚全人類醒覺而跳出仇殺侵略的沉淪，共同創建幸福與和平，共邁世界大同，追求全人類唯一理想政制。

　　《道德經》像個強力思想大磁場。陳子大概十年前，得侯寶垣、羅智光、張中定、麥炳基四位道長引導，更深刻接觸了它；在他們日常閒談中，感情更受到它所俘虜，更堅志願效犬馬之勞，而寫了：「**但願誠心寫道德，何須着意做神仙**」以表永恆之志。

　　《〈道德經〉的實用價值》此書，分由哲學、政治、經濟、宗教及其他等五個內容組成，現先出版哲學部分。其內容涉及很多參考書，舉不勝舉、列不勝列，唯好恭敬衷誠說一聲，多謝曾接觸海內外學者，您們都是作者的老師，為中華民族強

盛，為《道德經》普及世界願永遠結伴同行。

為了將《道德經》的哲學思想向廣眾推介，使用了較為淺白的語句，句式亦較為平板；希望能使大家讀懂、將它接受。

《道德經》是世界上最偉大的哲學經典。作者對它的理解，那怕費盡九牛二虎之力，見解亦僅是滄海一粟。在此一粟之見中，相信亦有不少謬誤；惟有等待眾見的評淘，看尚有多少金砂微粒的剩存，它確實能以指導日常生活和事業，聊表寸草心。

中華民族雖然在短暫的道治年代中，積聚了輝煌璀璨的歷史；但其流離顛沛的歲月十居其九，尤其是在近兩百年中，受盡蹂躪和欺凌。為什麼歷史會如此安排？令人無限悲痛和沉思。從無數《道德經》版本的複雜性，可推測能懂《道德經》者，相信其入流者，未見其人。只有白貓黑貓者和一帶一路及社會共同體提倡者，是真懂《道德經》。寄寓聖代得以認識、支持、發揮、貢獻，而中國永恆強盛無衰。

中華民族衰落的原因，本書從新的角度進行探討，作了長篇幅的論述；但其總的中心思想是圍繞此一金科玉律：

順其道者，萬變而愈盛；逆其道者，萬變而愈衰。

無論那一個朝代、那一個時期、那一個政黨、那一個個人，曾令某人家破人亡，其痛恨和報復的感情，誰也擺脫不了；不過，倘能冷靜觀察，很易找到冷血恐怖的行為，原因來自統治者或個人欠缺對老子《道德經》的認識、掌握和宣傳所造成；即所謂統治者“無道不仁”，將百姓、萬物淪為芻狗！豈不痛心耶？

是以，去仇恨某一個政黨和時代、去啖某個個人的肉，真

的有用嗎？這種行為只能作為受害者一時心理滿足，根本對中華民族無補於事；且看，類似的災難不是仍然周而復始、永無止終嗎？新舊殖民主義者同是一樣，趁着中國人這種感情的矛盾，進行愚弄、挑撥、離間，使中國人鬧內閧、內亂、對峙，達到其徹底破壞中國經濟與政治的目的；西方政客全是居心叵測的侵略者，切莫盡信他們！

民主、自由、人權，永遠是經濟的兒子，不同的社會經濟狀況，其民主、自由、人權也就不同。外國人將民主、自由、人權去引離和強迫中國人入彀，實質是居心叵測的。不過，中國領導者應當在埋頭搞好經濟的同時，要時刻關注民主、自由、人權，循序漸進地跟上經濟，取得平衡；在百姓方面，只適宜通過和平、建議去爭取，切勿採取激烈的手段去進行。不然，會導致缺乏經驗而促使根基幼嫩的政治方針大亂，而經濟計劃亦遭受破壞；國外的新殖民主義者正眈眈垂涎等待這樣的日子到來，乘虛而入，製造大混亂和大災難，強盛的願望頓成夢幻與泡影。西方永抱豺狼的眈望，永遠統治和奴役中華。

國家上下認真要冷靜忍耐，切勿輕舉妄動。中國亂不得！西方渴望中國如此日子到來！

老子早已經洞悉人性之貪，是永遠利用不完的破壞力量；面對此一問題，舉國都要認真檢討，克制自己、潔身自愛、棄貪倡廉，立心為民族貢獻力量，家家多生孝順兒孫。 尤其是香港一國兩制漸為全人類共識，是全人類社會主義特色典範政制，促使西方政制加速衰亡、促使西方共力反華。鄧小平為時代提出偉大驚人觀點：藉西方資本主義衰亡中，建立中國特色社會主義。改革開放是永恆國策。

　　《道德經》是天下唯一天書，能洞悉者，唯有老子第一人；承接者是鄧小平先生，繼承而發展者是習近平先生，其後普及全中國人民，繼而散播全人類，促使全人類共邁世界大同。《道德經》是全人類第一本天書，永恆指導全人類！

　　「道可道。非常道」──《道德經》第一章開頭兩句，可翻搜千卷萬冊，相信找不到恰當與貼切的解釋。二千六百年前的中國人老子，已知「道」的兩面性：一是普通性，二是特殊性。「道可道」，是指能言傳全述的道，是整個普通的道；「非常道」，是指特殊永恆而演變的道。「道」是能量統稱，能量分為自然能量和社會能量：自然能量是無思維的自然能量；社會能量以有思維能量為主導，以人類為代表。「道可道」是思維可及的範疇；「非常道」是指以自然能量為基礎，以思維主導而發展的結果。兩句全意：語言直達的「道」，並非永恆演進宇宙的常道；「道」是能量統稱，由社會能量和自然能量組成。《道德經》永恆是全人類生存天書，因此拓展人類文明是中國人，本着以德報怨的道德觀啟導人類邁向大同。中國人要世代相接，以置股掌之間的天書──《道德經》指導人類大同。中國習聖人指出，前後要建設兩百年！「道主儒輔」是全面完整繼承中華文化，永葆中華富強無衰。

　　陪同侯寶垣觀長回內地建設道觀，接觸無數願獻力中國民族宗教道教的黨員幹部，廣東省博羅縣林啓明先生，願以鞠躬盡瘁精神投身協助重建羅浮山黃龍觀，令人無限興奮中國的將來；切戒一鼓作氣！而要熱愛國家民族永恆！

　　侯寶垣觀長辦道的精神和經歷，是道教近半世紀來發展珍貴的縮影。他今年八十高壽（編者按：侯寶垣觀長已於 1999

年羽化），謹以此書之出版作為賀禮，恭祝他遐齡儼若泰山，長生久視東海與朝陽。

希望大家認真讀完這部書。如果發覺有害，應投入垃圾桶；如果有益中華和人類，那就本着積福勝過積財的精神，集資去自行出版此書，贈遍中華。如有此好意者，請致函本社共襄作決定，豈怕西方的流行性感冒傳進中華！總之，共愛中華，共建中華，共護中華，中華萬世強盛不衰！

謹以此為序，誠待如蝗批評賜教的箭飛來，是幸是福，雀躍歡迎。

廣結善緣宣道德　　安居樂業話昇平

作為一個中國《道德經》研究者，應當然義無反顧、責無旁貸、全情投入，付出終生推敲和咀嚼《道德經》真諦：

但願誠心寫道德　　何須著意做神仙

一九九三年八月十六日　定稿
一九九三年十月九日　初版
二〇一八年（戊戌）夏曆三月二十三日　再版

作者簡介

陳霖生（陳子）是義門第四十傳裔孫，客家人。原籍中國福建，數百年前，祖先輾轉南下至廣東、五華，後在香港新界打鼓嶺坪洋村定居，成為早期的香港原居民，見證了香港的建設及成長。

陳子自幼對哲學就有濃厚的興趣，在求學時期，陳子已認識到國家的衰落，因此積極鑽研救國之策。在香港的香島中學完成中學課程後，決心回國攻讀大學，當時雖不獲經營藥材生意的父親同意，但憑著一腔愛國熱誠，終於說服父親，回到湖南師範大學進修。

學成後，回港隨父經營藥材生意，後移民英國開設餐館；七十年代捲土重來承接父業，八十年代開始則從事股票及地產買賣。事業的發展並沒有影響他對國事的關心，在餘閒之時亦不忘研究經國濟世之策。

直至一九八六年，在偶然的機會下，在粉嶺蓬瀛仙館讓他看到了《道德經》所載：「道可道。非常道。名可名。非常名。」他驚詫地說：「啊！這是一本了不起的書。」相逢恨晚，於是埋首鑽研《道德經》相信直至永年，發覺「道」原來就在身邊，不知不覺地融入我們的生活中，例如：他的父親常常提到《稱骨歌》的一句歌訣：「一生若能勤與儉，老來可得免憂愁」，便是《道德經》中所載「知足者富」的道理。他的父親不知內裏，只知奉行此訣，這是否意味著「道」是無處不在呢？繼續的發掘，愈發現經中所謂的「道」，其實是一種能量，而道家

哲學思想所提倡的「二合為一」，其實是萬事萬物發展和存在的動力與形式。根據作者多年來的研究心得，認為我們只要掌握它和善用它，無論個人或國家便可以跳出所有災難的漩渦，開開心心做個快活人，和國泰民安，同時也可以改善世界政治秩序。與此同時，陳子從《道德經》中獲得最大的收穫，就是發現了他日夕追求的治國和救國之道，因此將心得著書立說，公諸於世，冀盼有更多人真正明瞭《道德經》的實用價值，更希望可以培育下一代對國家、民族的建設。雖然，這個理想未必可以即時實現，不過正如陳子所言：「但願誠心寫道德，何須著意做神仙。」道德傳中國，人間無妄凶。這是何其通達之言！

陳子《道德經》系列：《陳子論道》、《陳子論政》、《陳子論教》《陳子論報應》等，共四本系列書。

道德為宗永治本　中華永盛遠傳揚
普天共讚神州好　世界從今少災殃

晨早當思謀生計

閒時應讀道德經

世界道學社長　陳霖生撰

二〇〇六年三月十四日
丙戌年二月十五日

陳子論道獻中華

誓為神州謀幸福
勤研道德獻中華

世界道學社長 陳霖生 撰

二〇一八年五月八日
夏曆戊戌三月廿三日

憶少年

少年早立炎黃志
灑血拋頭國難捐

世界道學社長　陳霖生 撰

二〇一八年七月七日

道主儒輔世襲永恆

道德為宗永利國
儒家作輔可安邦

世界道學社長　陳霖生撰

二〇一八年七月七日

陳子頌《道德經》

道德為宗永治本
推崇馬列掃門庭
大同自古炎黃定
聲色無分似近親

世界道學社長　陳霖生 撰

二〇一八年五月八日
夏曆戊戌三月廿三日

大限民主自由式〇三五年

民主自由如水火
一人僅剩亦無休
唯能道德是靈藥
道主儒家世所求

世界道學社長　陳霖生 撰

二〇一八年五月八日
夏曆戊戌三月廿三日

道德經全人類必然：
毛澤東夯地；鄧小平
響號；習近平一帶一
路鋪路；世界大同。

世界道學社長　陳霖生 撰

二〇一八年八月一日
夏曆丙戌年

目　錄

在璀璨陽光下
世界無不騙人的人
無不騙人的政治
無不騙人的宗教
無為而無不為則無騙
《道德經》永遠是人類唯一天書

中國歷史
分久必合　合久必分
全由中國帝制
和儒家欠缺唯德唯能哲學指導造成
《道德經》概括千變萬化哲學原理
永恆解決人類任何困難
《道德經》是全人類總天書

中國人
懂《道德經》者希若晨星
萬籍皆次等　唯一《道德經》
晨早當思謀生計
閑時應讀《道德經》
中國必然永恆富強
只有《道德經》能夠救世界
中國啟導世界共大同

— 陳子曰

第一章
概述世界歷史文化與哲學思想

第一章　概述世界歷史文化與哲學思想

道德為宗永治本　　推崇馬列掃門庭
大同自古炎黃定　　聲色無分是近親

二〇一八年五月八日（夏曆戊戌年三月二十三日）

緒論

　　世界屋脊，喜瑪拉雅山，應是星湖密佈、遼闊無邊的大平原，人類開始共同進化的大搖籃；隨着地殼強差人意的變動，人類向山麓各方遷徙，建立四大古國的文明。有些跋涉千里，落足歐洲各地；更有些冒着生命危險，飄洋越海，散居海角天涯，摸索自己獨特的文明；最不幸的部族，困守着與世隔絕的環境，落後於文明數千年。西方學者恃着 1784 年工業革命的繁華，挖空心思，欺騙世人，說人類起源於落後數千年的非洲，目的為了遮擋自己祖先侵略世界的野心。世界的災難源自西方，尤其是工業革命之後，西方人想統治全人類，做了使人難於相信的手腳。

　　也許有人嗤笑此種無稽之談，勸人不屑一信；然而，終有一天峯上的冰封積雪，為智慧陽光融化，遺物琳瑯滿目：呵！

原來大家的祖先曾經在此黯然離別，不再相逢！等待中國人倡議一帶一路的建設再復團聚重逢。這全賴非洲兄弟，以本國語言為主，而以中國語言為輔的發展加速此喜慶到來。《道德經》是全人類最早最原始的人類起源學，亦是全人類凝聚的天書。全人類大同共歌共舞世界大同的天幕。

《道德經》第六章云：

「谷神不死。是謂元牝。元牝之門。是為天地根。綿綿若存。用之不勤。」

老子是否告訴人們，人類最早的元牝，起源在喜瑪拉雅山大平原上，此大草原原是空濛深邃低窪的地方！一種經「天下萬物生於有。有生於無」的過程出現的生物，再經千年萬代的演化的哺乳動物由海洋爬上陸地，在新環境下經數百萬年進化而出現人類，喜瑪拉雅山是全人類最早的搖籃。在《道德經》啟導下，將來這願望必然不差人意到來。

如果這是真的，大家祖先同根而生，共地而長；歲月和環境的大染缸，擺佈了膚色和語言。那麼，人類為什麼不去尋求同根的友善的安排？人類自然而來，自然發展，神哪有出過力氣毫釐？西方人受孔子學說西傳啟導，非常羨慕中國文化的文明，尤其是那班政客藉著"神創造人"去愚弄和欺騙人類，藉教育的愚弄，發動侵略世界。

不過，新的未來，尤其中國人必須建築在找到災難的源頭上；若不，也只是無望的空然！西方人智慧來自中國，侵略野心來自政客；所以，人類災難來自西方。

中華民族璀璨的文明、其後衰落的過程，以及後期受盡凌辱的經歷，是整部人類歷史的縮形和典型！問知此底蘊者誰？

借鑒她那輝煌、衰落和屈恥的歷程，認識人類未來光明的既定方向，並知道如何去創造與珍惜和平幸福的將來。**全人類幸福要寄望老子《道德經》的發揚和普及，中國人發揮其民族傳統精神，「以德報怨」。**

尤其是炎黃子孫，更要信心萬倍、堅定不渝！使民族長生久視，國家昌盛繁榮！

《道德經》第四十章云：

「反者。道之動。弱者。道之用。天下萬物生於有。有生於無。」

倘若中華民族能夠融通此理、實現一帶一路振興中華民族，貢獻與世界人民並非是一件困難、幻想的事情。

《道德經》是一本由混沌初開乾坤始奠直至人類最後的紀年，前無古人，後無來者的唯一哲學經典。作者由 1986 年接觸《道德經》研究至今，心得結論：「道可道。非常道」「天之道。利而不害。聖人之道。為而不爭」，**《道德經》是全人類永恆督導明燈！道主儒輔，指導中國人而至全人類萬古不衰！**

中國人要永恆緊記：《道德經》是中國老子著寫的天書，永置股掌之間並洞悉而督導兒孫。

晨早當思謀生計　閑時應讀道德經

第一節　中華民族的民族思想

中華民族這夥離開鄉土的原始兄弟，不知是僥倖抑或目光獨到，迎向紫氣東來，選上了華夏、落足黃河流域，在河套上建立傲人的文明。在山麓西南，同時亦矗立三個出色的文明古國；不過，她們好像沒有世界性的四大科學發明，更沒有**既古遠又全面、既正確又廣博，把整個宇宙萬事萬物的哲理盡皆概納其中的哲學經典——老子《道德經》**。

中華民族在人類四大文明古國中，眾望所歸、頭頂桂冠、身登寶座，率統世界文明！

中華民族偉大精神，是道學老子《道德經》反映中華民族萬古不滅的民族精神！中國道主儒輔，中國億萬代無衰！有待中國聖人傳承永恆。

（一）河套文化

黃河流域的河套，經數十萬年的積聚，土地肥沃、氣候宜和，配合中華民族的智慧，物產豐盛，是得天獨厚的文化搖籃。歷代無數哲學、經濟、政治、軍事、科學的偉大宇宙精英，在此搖籃中成長，使中華民族在歷史一段頗長的歲月中，躍居世界歷史的前茅直至 1784 年工業革命。尤其是老子的《道德經》，與今天那些西歐哲學相互比較，《道德經》是大巫，而西歐哲學是落後了二千五百年的小巫！更要精明，沒有孔子功勞蓋世，根本無可能有今日西方文明。

世界文化，無所謂現代人承認與否，早已自然決定以華夏

的河套為中心。它不但過去引發整個世界，亦仍然繼續同樣啟導和影響人類世代的未來。

也許有人會揶揄《道德經》的偉大，然而，只要客觀和冷靜一點，看看西歐每一件科學理論和發明，能與《道德經》的哲理沒有關連嗎？

唯物主義辯證法、達爾文先生的進化論，比《道德經》遲了二千多年；它們與《道德經》有很多地方相似而雷同。

有那一位先生敢說，或者相信，有成就的學者們沒有讀過《道德經》？相信和敢說者，他很可能是個不太了解歷史的人；因為絲綢之路，早已通達西歐各地！難道《道德經》這部哲學經典，不會隨着絲綢之路，送到世界學者的眼前嗎？**全人類均應恭奉中國老子《道德經》是全人類最早唯一哲學經典。**貞觀之治時代的唐玄奘已經《道德經》隨身到印度；不然，佛家那會善哉？善哉竊取自《道德經》語句：「善者吾善之。不善者。吾亦善之」的頭句和尾句。道先於佛，無須明示可知。

（二）中華民族衰落的原因

中華輝煌燦爛的文化，舉世投以特殊羨慕的目光；但其走向衰落，亦引起千萬海內外人士的關注。尤其中國政治家、思想家、哲學家、歷史學家，他們鍥而不捨地探討和追查此一似乎輕而易舉、而又却難於完滿解釋的原因，它好像一個千古不解之謎。**其實陳子 1986 年起精研老子《道德經》，提「道主儒輔」，全面繼承中華文化的觀點，中華民族也就萬古無衰。**從孔子"克己復禮"開始，整個儒家思想而至宋明理學，無不

是源自老子《道德經》。儘管董仲舒提出"罷黜百家獨尊儒術"，儒家言論仍擺脫不了道家。

中華民族運用她的渾身解數，不惜拋頭顱、灑熱血，前赴後繼，犧牲了父母妻兒，喪失了家園、民族的命運。天公好似見而不聞，始終擺脫不了貧窮、落後、相殘，和世界帝國主義的蹂躪；但亦彷彿聽見天街上有人行吟，道出一切災難的源頭，但始終無人洞悉《道德經》內言詞：

「吾言甚易知。甚易行。天下莫能知。莫能行。」

相信中國人如果理解了老子《道德經》，一切問題全面解決！如此容易，中國人何樂而不為？還是世代欠缺聰明人？《道德經》永恆人類的哲學經典！但却無中國人垂青。炎黃子孫，誰不為之興嘆？

這番慨嘆的語言，已有二千五百年的歷史；歷代的中國人，是否未能「故常無欲以觀其妙。有欲以觀其竅」，以致只為私事掩埋心竅，所以未曾發現和領悟老子《道德經》的哲理。它是唯一能拋開衰落，挽救中華民族跳出貧窮、落後、相殘、受辱的泥潭的哲理；而恢復中華樸香四溢、頭戴桂冠，身登世界先進文化寶座的形象，長生久視人類幸福與和平，為全人類繼續作出偉大的貢獻。此一偉大願望，應待誰能？

經過近十年時間對《道德經》的哲理研究、翻閱過中國各朝歷史，尤其是近百多年的悲慘命運史；並觀察世界之現況、推想中國之將來，對中華民族之衰落原因，本着為實現全人類能夠長生久視、幸福與和平的願望，提出不為傳統所承認的觀點，而認為是切實可行的深思熟慮！衷心祈望全體炎黃子孫政治家、思想家、史學家、哲學家、宗教家，敬請經過深入研究

後，給予支持或批評以及補充！《道德經》永遠是人類新穎觀點，永遠是層出不竭的哲學經典。

中華民族衰落的主要原因可從下面六個歷史時期去論證；最後第七點是「振興中華民族的途徑」。

外來落後、頹廢、主觀、霸道及有毒的宗教、政治、哲學，和落後的民族意識，源源向中國輸進與侵入，堆填了中華民族思想領域，製造了瀰漫之煙霧；加上歷代封建統治者極力利用、封建士大夫大力提倡，老百姓因被愚弄與利誘而給予擴散推行的機會，將老子《道德經》的科學先進哲學思想掩蓋與遏制。從此中國人迷失了方向，錯誤地將外來的東西當作自己的思想、當作科學先進的思想，攙雜了自己所剩無幾的民族思想，彼此大混合，在中華民族的國度裡推行；使中華民族步向衰落、萎靡不振，而受盡貧窮、落後、相殘、凌辱的煎熬。宋明理學反映是儒家步入衰亡的學說，傳入西方，西方將其發展為馬克思思想和資本主義思想！回贈中國蹂躪一百六十五年直到鄧小平改革開放。偉大貓論鄧小平先生，救了中國、救了中國共產黨、救了全人類！

為了使大家客觀地認識中華民族衰落的主要原因，把問題分開六個歷史時期進行分析與探討；第七點「振興中華民族的途徑」目的為了共挽中華民族衰落的狂瀾，寄望為中華民族出點綿力、盡匹夫之責：**「但願誠心寫道德，何須着意做神仙」**？《道德經》是全人類天書，唯一能起死回生中華！擎舉此天書前進，中華永盛無衰！天地為我而生，我永遠為冀望中華強盛勤勞而亡！熱淚因如此重複湧上心頭而到眼簾，榜樣**「春蠶到死絲方盡，蠟炬成灰淚始乾」**。

1. 由黃帝至秦漢時期

黃帝時代，已知養蠶織布，在五千年前中國已經出現像公元 1784 年的工業革命時代。前者人力，後者機械動力分別而已。

根據考古學家對 "青龍白虎" 這種思想信仰的論證與考究，中華民族的文明歷史，不少於一萬多年。從中國文明歷史推敲，四大文明古國，中國獨佔鰲頭。西方因萬里長城圍堵，起恨心扭曲中華民族文明！貶低中國而居四大文明古國之末。西方學者用埃及六千年文明而企圖否定中華文化是居心叵測！連中國不少無知知識分子均當應聲蟲，真令人莫名其妙！嗚呼黃帝子孫豈能如此無知白痴？

殷商建國於公元前十六世紀。商朝出現於中國歷史進步了八千多年之後，可知商朝經濟發展到什麼樣的水平。再從其以「商」為朝代之名，亦可以推想此時期的商業如何繁榮，無疑足以演證中國應是四大文明之首！陳子是個中國商朝文明三千多年後的中國人，似乎從 "酒池肉林" 四個字而嗅到資本主義世紀的氣息，却為荒淫無度的商紂政治所掩蓋和泯滅！而為政者却無知八卦的偉大哲理。中國人多可惜，無知而錯過歷史機遇。

周朝繼承了商代的經濟基礎，更加大大跨前一步。老子是周朝時代人，他在《道德經》中寫了一句「不貴難得之貨」，反映論證了周代商業的興盛。周朝承接商朝，却並未注重其商業發展，而着重於安定的「周」。「周」是周朝發展思維，周朝的國泰民安，使孔子無限的羨慕，全反映在他的 "克己復禮" 中。商朝的繁榮只成歷史曇花。曇花盛放美夢直到鄧小平按周朝要

求發展；也許如此的時代，才會再次有過之而無不足的萌芽。

「不貴難得之貨。使民不為盜。」

把商業上通流的物品，稱之為貨，反映周代的商業到了高度發展，應該用不着懷疑。由商朝發展到周朝，反映中國商業發展到周朝，商業發展路向與商朝不相同：完美只是周朝要求！**由於中國人無知《道德經》是人類哲學經典，道家的學術地位由儒家孔孟取代後，中國步上分久必合、合久必分的悲哀，而到今天才由陳子提出道主儒輔而可知！**陳子要讚羅貫中先生是偉大歷史學家，準確評儒家歷史發展軌跡。而陳子却評儒家：孔子功勞蓋世，然而後患無窮。董仲舒落井下石，促使中國更不能跳出儒家的桎梏。**儒家思想困鎖中國政治直到鄧小平改革才開放。**

老子是周時代人，比孔子早；他看見周朝商業繁榮，社會已經開始了凝聚商品經濟的因素，很想將如此寶貴的積聚穩定地循序發展，所以在《道德經》中提出商品經濟的理論，以及民主社會的政制。可惜這種超時代的經濟、政治理論，不易為統治者接受，使中國錯過了進入經濟、政治、科技先進的社會發展軌道。所以陳子説：「孔子功勞蓋世，然而後患無窮」。按此觀點評論孔子，可知儒家對中國歷史和世界歷史發展有其偉大貢獻，亦反映其對社會維繫有其偉大凝聚作用，**因此按「道主儒輔」治國方法去做，中國永盛無衰。**

老子在周朝這個商業繁榮而促發先進思想的搖籃裡，將人類永恆的經濟、政治、哲學理論全都寫進《道德經》裡。可惜無人洞悉它的內容。《道德經》第三十章及第五十五章均有言：「物壯則老。是謂不道。不道早已」告誡世人，事物發展

要調整和革新。其第十八章：

「大道廢。有仁義。智慧出。有大偽。六親不和有孝慈。國家昏亂有忠臣。」

這章告訴人們，事物發展絕無同樣重複，應按規律變「道」；所以"變"才是永恆，以小變大變以應萬變，是該章核心。

中國歷史把周朝列入奴隸社會，只憑一位對《道德經》見聞不廣的學者，由他怎樣說，就怎樣劃分；是否有點忽略經濟對社會發展的影響，而只是以根據幾塊奴隸的骨頭，就決定歷史的分野？宋明理學西傳發展為主觀唯心主義而出現階級論以劃分使社會發展而放棄社會經濟發展是政治發展以之為依歸而災難全人類！西方發展王陽明心學成為資本主義，但無知自由和民主之間的矛盾引導社會走向剩下唯一人而走向衰亡。

春秋戰國的百家爭鳴，不僅在中國，並且在世界人類歷史中，是不可多得的學術黃金時代，它是西周經濟繁榮的夕陽。總之「故常無欲以觀其妙。有欲以觀其竅。此兩者。同出而異名。同謂之元。元之又元。眾妙之門」；總之常抱此觀，萬事萬物有困難就有方法解決。

秦朝是一個很有朝氣的時代，統一了文字和度量衡，為漢朝宏疆大業作好準備。完全可以這樣說：沒有秦始皇的氣概，就沒有漢高祖的宏疆偉業。不過要提醒中國人，秦始皇萬里長城，惹起西方世代政客仇視中國而野心，並延至今天西方政客仍仇視中國提出邁向世界大同的一帶一路。

於公元前 202 年，中國歷史，結束楚漢相爭，漢朝一統了天下；經過二十四年的整頓和休養生息，出現了文景之治，近

四十年刑法束諸高閣，充分發揮了老子《道德經》治國治民的神奇。**道治啼聲初試，就天下皆春，而萬民共樂**。但因後人不理解《道德經》，漢武帝引用董仲舒獨尊儒術而破壞道治而改用向外發展。中國走向貧窮而衰落，戰爭頻生。

漢武帝是另類血液的劉家子孫，董仲舒是另類劉家子孫走卒，投其所好、獨尊儒術。儒家學者敬之為神聖之神，陳子視之為暴賊！中國因之分久必合、合久必分，出現盛衰交替。三國演義作者羅貫中科學地論證孔子和董仲舒，在開章上説：「天下大勢，分久必合，合久必分。」這論斷指出了儒家的局限和遺害。

唐朝古文學家大讚此一段光輝燦爛的歲月，寫得真實而感人：

自黃帝以至禹湯文武，皆享壽考，百姓安樂，

當其時，中國未有佛也。

韓愈在這裡用歷史事實告訴大家，中國要富強昌盛，少不了要保衛和純潔民族思想，這是千古萬世不易的真理。韓愈因「貞觀之治」而樂極忘形，無分儒家和道家。這反映道儒思想交錯混淆，這亦反映，**唐朝因道家思想主導，強盛令人震驚；但快為儒家入侵而走向衰落，盛世難保。這啟導人們，「道主儒輔」是歷史必然**。陳子自 1986 年接觸《道德經》，發現其世界唯一最偉大哲學經典，是全人類共一的天書，而認識孔子儒家理論是一套完整人類社會管理學。倘若以《道德經》為指路明燈，以儒家思想為輔助，道儒結合而「道主儒輔」；既全面繼承中國傳統思想，更全面發揮炎黃子孫優良傳統精粹，中華定然萬古長存永恆無衰。「道主儒輔」是永恆軌道！

2. 東漢至隋朝時代

　　東漢初期，劉秀能夠僥倖有一番建樹，因為古印度宗教尚未走進國門。到了明帝，將思想大門洞開，把它請了進來，給中華民族種下衰落的禍根——它是促使民族走向衰亡的罪魁禍首。從此，中華民族普遍感染了思想風濕癱瘓症，社會永無寧日，百姓流離顛沛、生命無常，像那秦漢時期的民族精神漸漸減退；越來越多人把受之父母的頭髮拋棄，縮進頹廢、消極的自我天地，不顧生靈塗炭、不理國家危亡，只祈望早日脫離人生苦海！

　　韓愈先生明銳察覺力為此段歷史作了精采的描述：

　　　漢明帝時，始有佛法。明帝在位，才十八年，其後亂亡相繼，運祚不長。宋齊梁陳，元魏已下，事佛漸謹，年代尤促。惟梁武帝在位四十八年，前後三度捨身事佛，宗廟之祭不用牲牢，盡日一食，止於菜果，其後竟為侯景所逼，餓死臺城，國亦尋滅。事佛求福，乃更得禍，由此觀之，佛不足事，亦可知矣。

　　落後、迷信、消極、頹廢的宗教輸入，對中華民族思想瓦解與破壞，韓愈大胆有力地提醒國人，大家對他的見解評價如何？任何一位非無能帝王的代表者，均讚韓愈真知灼見，是救民於水火的偉大文學家和政治家；但無知是出版商患了恐懼症，還是受宗教與政治壓力，《諫迎佛骨表》從古文評注中退出，而到無蹤！文化劊子手誰？有待聖代主持公平！恢復它在古文中的地位，啟導炎黃子孫擺脫衰頹。

　　韓愈古文成就出類拔萃，首屈一指；但無人知曉他思想

偉大超脫古今古文學家無與倫比！但他的《諫迎佛骨表》受排斥至今白痴儒家思想埋沒！嗚呼！此冤誰申？唯望當代政治聖人！更祈望有正義學者支持政治聖人堅持永恆，讓此書重見天日，文章永遠照耀人間！

"蓋棺定論"是評論歷史人物的觀點。從實踐是檢驗真理唯一標準的角度説，韓愈的歷史觀是言之有理，並非胡謅！更非妄言！豈能受此文化妄刑？遺害炎黃子孫！

中華民族由東漢末年開始走向衰亡，經魏晉南北朝，到醉生夢死時代隋朝；中國社會的短暫和無常，醉生夢死的思想氾濫情況，為任何歷史朝代所無。這完全要拜古印度宗教傳入之蔓延所賜！

3. 唐朝到宋代時期

一代明君李世民，認老子同宗，把《道德經》推崇到歷史前所未有的地位，以其哲學政治思想作為治國治民的指南，總結和汲取西漢文景之治的經驗，營造了一個歷史新紀元，「貞觀之治」，為道治思想樹立更光輝的典範，使唐人的名聲遠播世界。

道治思想的偉大效能，與李世民的世襲思想產生無可調和的矛盾；唯恐「天道無親」的道家，既可奉送天下予李家，但亦怕道家將江山「常與善人」。為了緩和與削弱道家思想，大肆宣傳玄奘取回的"西經"，御筆宣揚文字寫序，使唐朝盛世，突然毒霧迷天、前路茫茫。所以陳子言：中國受儒稱雄，完全根源不洞悉《道德經》。李世民只是半代聖君！完全不懂領受《道德經》第七章的精義。

《道德經》第七章：

「天長地久。天地所以能常且久者。以其不自生。故能長生。是以聖人。後其身而身先。外其身而身存。非以其無私邪。故能成其私。」

《道德經》第二十九章指出李世民以唐玄奘《西經》取天下而為之，而致「敗之」和「失之」。

《道德經》二十九章：

「將欲取天下而為之。吾見其不得已。天下神器。不可為也。為者。敗之。執者。失之。」

道治興盛只能出現一段時間，因江山世襲所造成。西方早於工業革命後採用選舉制，遠勝中國世襲制。社會變化不相同，如何優化選舉制和監督制是政治進步核心！

李世民一手振興了道家思想，而另一手又扶植古印度宗教。這樣，不但扼殺了道家思想，而更進一步深種民族禍根，對中華民族產生更壞的影響，唐末的亂世，作了最好的證明。李世民的功成、身敗、歷史影響和評價是中國歷史典型。敬希中國歷代領導都領悟學習和反省。

唐朝盛世傳天下　聖主無知道德經

整個唐朝的歷史，說明「道興國強，道衰國弱」這一千古不變的真理。

宋朝是儒家天下，儒家思想主宰了整個天下和歷史時期。促使人類歷史起了翻天覆地變化。惜今天台灣學者，枉費天才，妄想以儒家思想抗拒時勢；以"新儒學"調換舊儒家，無

顧儒家導致中國民族大波刼的慘痛歷史教訓！

　　趙普 "半部《論語》治天下" 的名言，足見宋人對孔子的推崇。理學家和理學著作之多，是宋朝最大學術思想特點，更看出儒家思想獨佔宋朝天下。然而，儒家思想的薰風，並未送來萬紫千紅的春天，像「文景之治」和「貞觀之治」之道家政績；這使人覺得儒家治國，比道家稍遜一籌！更值得世人回顧陳子對孔子的評價：「孔子功勞蓋世，然而後患無窮。」**中國學者審視宋朝 "獨儒" 治國，也就不難知道儒家不足治國平天下！「道主儒輔」才是救國救民仙方！**

　　孔子是個教育家，並非政治家和哲學家；一本教育學的《論語》，齊家是有點可能，但治國平天下似乎談何容易。宋朝平淡的政績，是儒家黔驢技窮的最好披露。不過，宋朝歷史，反映道主儒輔是歷史必然的將來。緊記：「**晨早當思謀生計，閑時應讀《道德經》**」。儒家可作桌上菜餚；作為安定是可行，但作為治國平天下捉襟見肘。

　　宋朝的歷史，證明儒家思想不足以治國治民。百姓想過「貞觀之治」的太平盛世生活，如果非道家思想主政，純屬望梅止渴而已！

　　孔子功勞蓋世，然而災難無窮的批評準確至今。**相信「道主儒輔」可永解治國安邦難題！有待政治聖主推行！**道主儒輔千家慶：

　　　　廣結善緣天下客　　夜談道德讚中華

聖恩浩蕩，萬眾歡騰。

4. 元明清時代

　　強悍的蒙古人，以其落後的民族意識和宗教信仰，取代了以儒家思想為主導的宋朝政治，施展其窮兵黷武的野蠻，給西歐人民和中國百姓，帶來水深火熱的生活。然而，在客觀上，元帝國將先進的中華文化，送到歐洲而轉驛到全世界；在另一方面，却提供後人將中華民族的概念擴大。這民族殷望，到孫中山辛亥革命才得以化解。魯迅先生早提醒西方政客：黃禍，西方人無知中國人早已做穩奴隸。當孫中山先生的五族共和締造了中華民族，縫補中華民族歷史，綉出中華民族錦繡前程。孫中山先生擴大中華民族永恆概念，同時衝破農業經濟生產進入工業生產社會跟上世界經濟發展，是中國人永不能忘記功勞！孫中山做大事不做大官的觀點雖不盡善盡美，但其不貪污精神永垂不朽！永是中國官場榜樣。

　　元帝國終於在經濟、政治總崩潰下，結束了百多年的殘暴統治。

　　人民總喜愛風和日麗、風調雨順下生活，而不滿意暴風狂雨下生存！政治聖主心明大志中國定然永無衰亡。元朝為今後朝代定了此一規條！

　　朱元璋砸碎了給中國人民和西歐人製造災難的"黃禍機器"，採用和推行道家思想，國家出現了新的氣象。朱棣的三保太監下西洋，為歷史上所無；除了宣揚明朝的國威外，更重要的是擴大海上絲綢之路，為商品經濟凝聚了胚胎的因素。可惜儒家思想又是抬頭，為西方的三角幾何蒙遮了眼睛；徐光啓等人掉進了侵略性外來新宗教的泥潭，使中華民族遭受新舊兩種外來落後宗教的蹂躪、加深了民族的衰落，而要接受悲慘命運

的揶揄！偉大軍事學家劉伯溫，留下燒餅歌。**但因無知「道主儒輔」偉大定向策略，而放縱大災大難民族的哀鴻遍野！**劉伯溫錦囊説：「前朝軍師諸葛亮」，傳説道諸葛亮質詢，誰知後朝軍師劉伯溫？劉無言以對，但反映仍無知「道主儒輔」道理，因此明朝亦無知「道主儒輔」，反映到明代尚不能知如何令中華萬世不衰。

明朝又在受儒家思想的束縛、東西廠的濫殺及新舊兩種外來落後宗教的搗混下，民為求生因而揭竿起義，令天下大亂；而關外女貞族就藉機進駐，佔有明代江山。明朝最後煤山自盡皇帝對鏡自讚：「孤家非亡國之君」，無知自己是治國而亡國白痴，更無知宋高宗殺岳飛聯繫親身殺袁崇煥的醒覺教訓！崇禎白痴！亡國亡族罪人！中國聖人和罪人均要引以為鑑。

女貞族入主中原後，像元朝一樣，推行落後的狹隘民族意識和宗教信仰，大肆屠殺反對的漢人；民族間的矛盾，遏制了社會經濟發展，使百姓過着倒懸的生活。**寄望政治聖人置《道德經》於股掌之間，洞悉道主儒輔，全面承傳中華文化，中華萬世不衰，國泰民安。**

道主儒輔如明鏡　中華永盛不亡衰

其後清朝回顧歷史、修改政策使民族矛盾稍為緩和，經濟和政治因而暫得生機；但罔知道主儒輔而西方却藉着貿易機會，更加緊進行宗教侵略，連鎖為軍事介入作好準備。鴉片戰爭大禍臨頭！

中華民族大難臨頭，好像山雨來前！誰知作好規避！

總結元明清三朝盛衰之理：儒家是先天不足、後天不生的土生土長思想，演變來自道家！但現實是一種保守思想困鎖，無能將民族振興，抗衡外來思想和宗教；而道家思想光輝，却好似曇花一現，很快為儒家思想遏制，和受新舊兩種外來宗教的夾攻而沉寂下來，無奈民族的衰落。嗚呼！**誰知《道德經》可救中華？道主儒輔可萬世無衰？**唯待政治明君聖主降臨！老子在天街哀吟：

「吾言甚易知。甚易行。天下莫能知。莫能行。」

偉大道家先知先覺者鄧小平細語先動：「不管白貓黑貓，捉到老鼠是好貓。」習聖人鳴鑼響道：「一帶一路，人類共同體。」他們均洞悉《道德經》的偉人。中國強盛寄望中國聖人。

5. 清末民初時代

西方"宗教家"披着仁慈的面譜，掩飾其心懷叵測的惡念，將用以窺探別人政治情況和瓦解他人民族思想的迷信宗教，到處佈置線點。他們的企圖和目的，如一位政治家所說的一模一樣：

要擊破一個民族或國家，尤其是有悠久歷史和文化的國家，首先要用和平的手法，將其傳統思想瓦解。

此是陳子自 1986 年接觸《道德經》後並研究中國歷史而提出觀點，深得牟鍾鑒教授讚賞！其後並提出治國觀點：「道主儒輔」永恆！

到了十九世紀，歐洲工業革命完成。船堅炮利，給殖民主義者增添了翅膀；配合長期刺探別人的國情，已經到了瞭如指掌的程度。為了製造藉口，向中國輸入毒品：它既可敗壞中國

人的體質，使其無可徵之兵；又可使白銀源源外流，國無可籌之餉。一旦引起戰爭，則中國不堪一擊，門戶洞開，侵略者蜂擁而入，中國淪為殖民地。中國一向提出「以德報怨」貢獻人類，但"皇天却負有心人"，西方虎噬鯨吞中國，奸險殺害中華民族！

八國聯軍攻打北京、火燒圓明園，殖民主義者的最根本目的，不僅是為了搶掠、劫殺、強姦那麼簡單；而是企圖要毀滅中華民族，使地球上中華民族的稱號永遠消失。中國成為西方政客永恆的敵人、要滅亡的對象，直到今天，仍然夢寐以求。但「**天道無親。常與善人**」，中國永推行以德報怨，貢獻世界人類，道主儒輔永葆萬世不衰。陳子此一願望，為聖人接續推行；中國人可呼風喚雨，誠心以德報怨，繼開拓世界文明的堅貞，啟導全人類邁向世界大同。

洋務運動和戊戌政變，是儒家人士的幻想，但破滅應是必然——因為西方政客，無一不幻想毀滅中華。

歷史上第一個最偉大的中國革命家孫中山先生，為時勢所迫、革命所需，而忍辱負重，發揮其潛移默化形成的內涵道家思想，激勵民眾，推翻了封建帝制，創立了中華民族的新紀元。孫中山宣佈五族共和，縫補了民族的破爛，成為永恆中華民族的國父。中國人無不感激孫中山此一偉大縫補行為。相信稱他為永恆中華民族國父全屬當然。雖然國父偉大，但無知道《道德經》是人類唯一天書。它既可救中華，亦可救世界；總是莫大的可惜和損失其根本是無知「道主儒輔」，留下國共之爭的禍根！僥倖其最後還提出：「大道之行也，天下為公！」

中華民族要世世代代紀念孫中山先生，學習其「大道之行

也，天下為公」的精神，但警惕其不懂《道德經》的美中不足。這一精神由於孫先生政治目的不夠明確，促使蔣介石父子後患無窮。反映蔣經國拖延統一引誘民進倭黨入主台灣令人莫名其妙，反映其父子功過混淆！蔣家父子功過懸空！留待炎黃子孫慎評。不過陳子敢評蔣介石先生：蔣介石先生滿腔熱情，混合滿腦子日本軍國主義思想去救中國，結果逃出大陸避走台灣而老死台灣；蔣經國無知中國必須統一，將政權誤託李登輝，導出民進黨上台，拖延中華統一誤失時機。蔣家父子功何罪何？敬請大家一評陳子觀點！不過陳子不愧提出如此評蔣家公子：蔣介石剛愎自用失大陸，蔣經國無知鄧小平先生，引倭黨拖延統一而失台灣。國民黨誰能志若蔡松坡（蔡鍔）先生？

6.　辛亥革命後的中國

世界上的帝國主義，通通都是一丘之貉，無所謂分西方、北方、東洋，抑或是什麼顏色，它們同樣打中國的主意，並沒有一個老實的狐狸。西方最怕的是中國人共識《道德經》精神，團結共心。

辛亥革命尚未穩定陣腳，它們已經導演軍閥混戰，破壞中國經濟和政治。

美國 1899 年已經佈下戰爭經濟政策，災難全人類；戰爭破壞人類經濟建設，世界永無強國可與西方競爭。謹記陳子斷言：美國是世界人類罪魁禍首，要緊記於世代心中！

雖然北伐戰爭，暫且將人民稍為團結共志片刻；但在西方和北方帝國主義挑撥下，中國內部又發生矛盾和破裂，日本帝國主義乘機揮軍跨海蹂躪中華。

　　日本是亞洲最壞的國家，八年侵華、南京大屠殺、掠奪朝鮮、蹂躪東南亞等不可饒恕罪惡。拭目以待，日本罪惡野心永存不息，必再遭受天譴、後悔莫及。

　　日本人已經驚心動魄，日本島永遠的沉沒天譴！世界欠缺公道時，任何人皆有幻想！但最可靠的是自向「道」追求！

　　當時由北方吹送過來"神權轉化的哲學"。它把整個中國的空氣，搗釀得濃辣而苦澀，瀰漫了一段歲月。幸得**中國是個以道為根以儒為用的國家**，育化無數忍辱負重精英，扭轉乾坤氣候、救了蒼生。這反映中國是人類文明拓展者，永遠固守以德報怨的偉大國家。**中國永遠世代主持天下為公，執天之道服務人類不息！**

　　辛亥革命後的中國，是帝國主義使用撥弄侵略性的宗教、神權性的哲學，製造各種災難。在中國政壇上，除了貧乏的儒家思想尚存外，道家思想已經完全退出政治舞台，無人知道其好處而過問和運用。**但道主儒輔根本思想永遠會死灰復燃，挽救蒼生！**「重積德則無不克」是中華民族永遠長生根。

　　《道德經》第五十九章全文：

　　「治人。事天。莫若嗇。夫惟嗇。是謂早服。早服。謂之重積德。重積德。則無不克。無不克。則莫知其極。莫知其極。可以有國。有國之母。可以長久。是謂根深固蒂。長生久視之道。」

　　這章喚醒全體中國人，在什麼困難面前，只要洞悉《道德經》，發揮《道德經》智慧，終會發現「天將救之。以慈衛之」的真理。中國是人類文明拓展者，亦人類大同的啟導者。聖人能化亂淵源，高舉「道主儒輔」，世界唯看中華。

7. 振興中華民族的途徑

中華衰落的原因，已經分開六個歷史時期進行論述；但為了大家更加系統認識和了解，將其歸納概述，是非常必要的事情。**陳子雖然道歷不深但自 1986 年，已鑽研《道德經》，並決心：長理衣襟為國事，但求洞悉《道德經》。陳子並言志：人生自古誰無死，長壽永年《道德經》。**

大概在一萬年前開始，一股先進的民族思想推動了歷史前進，持續到東漢初期。其後因受各種歷史因素的遏制，使其時顯時隱，導致民族盛衰更迭。這種純民族思想，稱為道家思想。道家思想，是唯一的民族強盛先進的思想。陳子 1986 年起接觸了《道德經》，從它七十七章的「**孰能以有餘奉天下。惟有道者。**」永信它是人類唯一哲學經典！尊奉終生！並撰聯為記：

人生自古誰無死　長壽永年道德經

儒家由孔子"克己復禮"而知它來自道家的派生，因其未能全面繼承和發揮道家思想，其後學藉此產生排貶道家的歧見。歷朝統治者，頗為賞識其局限性，因之全力抬舉而推行儒家；但始終無法像道家一樣，為民族發揮其璀璨的光輝及冶鑄盛世的政績。到宋明步進死胡同，由朱熹、王陽明發展為宋明理學，傳至西方成為資本主義和馬克思主義，倒傳中國產生國共之爭。

儒家對外來落後思想，態度較為容忍，給它們有了發揮和擴大的機會。歷史證明並非讒言。林則徐偉大愛國者，早奏白

痴皇帝，中國必須堅持禁烟；他在廣東虎門把英國侵略者打得落花流水，後因西方教徒傳報訊息由塘沽攻入中國絕非林則徐之過而遭流放新疆！**失敗總原因是無知老子《道德經》，不推行道主儒輔的失敗。**

　　且開個玩笑，如果中國非帝制，而進行游擊戰，英國因此而沉滅。大家弄清楚才而發笑！

　　外國宗教輸入，是使中華衰落的重要原因之一，大家必須要警惕和深入探討此一非小的問題：西方宗教，如野豬野狗，經過中國人飼養變成中國豬中國狗。外國宗教，可比如佛教，可將其轉化為中國教；馬西沙教授力證印度佛教進入中國後成為內佛外道，成了中國的宗教，此是一例證。不過"天將降大任於斯人也，必先苦其心志，勞其筋骨"，要普及國民洞悉「人創造鬼神」，發揮中國民族宗教道教，帶動外來宗教馴化為中國宗教。

　　東漢明帝時期，古印度宗教輸入，使民族思想患了思想風濕癱瘓症；西方宗教，在明末清初傳入；到十九世紀初，殖民主義者為了配合政治、經濟、軍事侵華暴行，進一步強迫將其宗教進一步擴大輸入和宣傳。古印度宗教長期污染和毒化，是中華民族自我沉淪的過程；但西方宗教的強迫輸入和宣傳，是企圖想通過宗教佔有整個民族思想領域，而永遠瓜分和佔領中華，將中國變成它們的殖民地，實現他們的國際大陰謀。陳子自 1986 年起接觸《道德經》，苦心鑽研，找到中國落後原因是失落了老子《道德經》。中國知識分子迷惑於西學，無知宋明理學西傳，發展為馬克思主義和資本主義，開發了西方，帶來 1783 年美國獨立、英國 1784 年工業革命成功，造成世界災難無止無終！又進一步證明中國是世界文明的拓展者，由宋明理

學發展促使西方產生進一大步，反映中國文明再次拓展歐洲。

落後民族的思想入主中原，共有數百年之歲月，使整個社會經濟和政治受到破壞。由南北朝開始，經元朝、清朝，尤其是清朝末年，腐敗無能，任由殖民主義者宰割，打擊中國經濟和政治更為嚴重。道教在生活困難下更忘却「人創造鬼神」是該教核心教義，並相反使道教更沉迷於鬼神。魯迅先生說道教是中國文化根柢，但道教直到今天仍忘却其民族責任——「人創造鬼神」。如果道教能負起此職責，全民奉她為民族宗教，更受黨國尊崇。

西方哲學，隨着殖民主義入侵而來，它們全是落後的東西；其後，有一種被貼上科學標籤的神權哲學，霸佔了整個中國思想領域，使空氣苦澀濃辣，影響國計民生、難為了蒼生。在外國和香港同樣一條問題問以外國宗教教徒：「到底神到地球先還是人？」同樣的回答是……不敢言。「人創造鬼神」是永恆真理，任何一個人，均應承認此一真理。

是以振興中華，態度必須審慎客觀；對待破壞民族思想和阻礙社會進步的東西，切勿採用狂風掃落葉的愚昧手段，而應按程度將其檢定和鑑別。在另一方，這是最根本的措施，是大力推行、提倡、宣傳科學道家思想，以《道德經》為藍本，發揮其科學哲學精神。在教育事業上，按程度地把《道德經》放進課堂，而將一切宗教活動，徹底由課堂清除出去，決不容許迷信、落後、頹廢的宗教思想在學校裡腐蝕和污染純潔的學子的心靈；這時儒家孔子的教育思想，可大有用場。不過連孔聖只能說敬鬼神而遠之，不敢開罪鬼神，說明鬼神由人創造！因此儒家思想治國平天下是不徹底，造成分久必合、合久必分的

缺陷，而道主儒輔才可永葆中華不衰。

　　以道家思想為主，以儒家思想為輔，將兩家思想分主輔兩者相結合，是振興中華的唯一途徑。只有這樣，才可使中華民族萬世不衰；此反映很早已知「道主儒輔」是中國擺脫外國宗教的愚困，中華民族可萬世不衰。

　　道主儒輔，核心是「道可道。非常道」「天之道。利而不害。聖人之道。為而不爭」的《道德經》為主導，而儒家作輔助，由始至終。「道主儒輔」可配合新時代中國特色社會主義一帶一路貢獻全人類邁向世界大同。偉大《道德經》為全人類解決「有餘」和「不足」兩者根本問題。

　　鄧小平先生在水潑不進、針插不入的時代裡，用「白貓黑貓」反映其洞悉《道德經》的核心是唯德唯能哲學思想，而別於世界任何哲學，偉大結合馬列主義，救了中國、救了世界，邁向中國特色社會主義，宣佈資本主義邁向衰亡。習近平聖人繼承進一步道家唯德唯能哲學思想與馬列主義相結合，以一帶一路、世界共同體發展新世紀思想，改革開放，萬古常新，永葆中國富強無衰。「道德為宗永治本，推崇馬列掃門庭」，此是洋為中用的典範。

（三）中華民族的思想特點

　　中華民族是太陽的驕子，最早望見東方剛升起的太陽。太陽酬謝他們殷勤和忠實地做她的伴侶，賞賜了他們一種光明磊落的氣質、忠信孝悌的情愫、禮義廉恥的儀態及勤勞刻苦的精神。然而，他們也最早了解，白天過後，是黑暗的到來；未雨

綢繆的警覺，慢慢形成急功近利的自私，因道家思想不受國家政治使用而加濃。

在一萬年來的頑強奮鬥中，與其他民族的矛盾和衝突，不下千萬次；但最難能可貴的，是在每次嚴重衝突之後，從不計較自己為干戈付出如何重大的代價，總是滿足於，年年進貢、歲歲來朝的薄酬。這種「善者吾善之。不善者。吾亦善之」的精神，人類僅是中華民族所僅有，而其他民族所獨無。

如果中華民族，早已像西方國家那樣醜惡，在西漢時期已經推行殖民主義，完全可以相信，起碼整個亞洲納入中國版圖。慶幸中華民族由道家思想哺育，全無殖民主義的野心。只憑此一國際道德行為，已經值得全人類讚揚和推崇。

亦有人惡意中傷，説一千二百多年前，長城以外的地方，並非中國的領土；請別忘記，西歐人在國外長久居住的地方，二百年前，亦並不是自己的家園。以美國國土而言，最早居住此地的是中國商朝的人，至今有商朝甲骨文為證。

中國每一寸領土，是通過血汗的耕耘才可取得，以長城以外的土地而論，它是其他民族棄置的荒土，由中華民族把它變成桑田。難道滄海變桑田也要受到指責，而最近二世紀才巧取豪奪的殖民主義者却要受到讚揚嗎？

沒有殖民主思想，是中華民族最大的思想特點，歷史已經作了考驗和證明。

只知「善者吾善之。不善者。吾亦善之」，以德報怨的中華民族為什麼要被忘恩負義、否定生養關係的宗教去愚弄和侵略瓦解呢？上帝豈能如此嗎？西方仍然以戰爭經濟配合宗教侵害我仁愛的中華呀！為什麼如此失却人性？也許因上帝失

却思維！所以西方人無法無天胡作非為！西方政客擺佈上帝假
傳神旨，為害人間。

西方政客無仁義　中國慈心受辱凌

第二節　概述西歐文化思想

　　太陽永遠周而復始地親吻人類，晝夜不停地由東方走到西方，再由西方回到東方，辛勤布施博愛，**為天下為公的將來，並寄望人類永不覆滅的必然！**「小國寡民」「民至老死。不相往來」，無仇無怨，和諧世界。

　　然而，西方人似乎有點懷疑太陽的博愛，不滿意於先東後西的布施，很想改變此種自然的均衡；因此，本着屈強沉毅的性格，充滿勇敢冒險的精神，穿過印度洋、太平洋、大西洋的驚濤駭浪，向東方文明古國挑戰，並且還踏遍地球每一個角落，去尋求殖民，以示唯我獨尊的英雄氣概。這種英雄的性格，隨着時代的進步，更善於妝點自己，滿足於自己高深莫測的行藏；唯獨領教過的國家，尤其是東方的國家，更一目了然。且看中國政治聖人，提出世界共同體，一帶一路！勇往直前繼承中華民族傳統精神！中國人是世界文明的拓展者，亦是人類大同的啟導者！中華民族老是高舉「民至老死。不相往來」的和諧精神旗幟勇往向前！如果上帝真有思維定然感動熱淚盈眶！中國真如此無仇無怨以德報怨，拓展世界大同。

　　惟望西方人能夠顧念人類本來自共一宇宙的元牝，互讓互諒、同舟共濟才是人類的根本精神！「甘其食。美其服。安其居。樂其俗。鄰國相望。雞犬之聲相聞。民至老死。不相往來。」尾句寄意深長！人類彼此和諧相處，永無投訴樂也融融！不過，按法國馬爾薩斯立論，人口幾何級數、食物數學級數，結論人類非戰爭殺死不可！但中國老子却認為「小國寡民」可以「民至老死。不相往來」度過！反映中國人回

天有術，一切困難可迎刃而解。中國有拓展人類文明的智慧，定然可以解救人類任何困難。**中國老祖宗留下《道德經》，它包羅萬有，無論什麼困難，均可在其中找到確實解決問題，《道德經》是人類唯一天書。**

（一）歐洲文化的發展

　　歐洲像幅沼澤的樹洲，流徙的民族像百鳥翔集，來自遙遠的東方。有些借此暫時歇足，分佈到世界各地；有些就此落籍，創造了今天的文明。歐洲民族血緣很難一致，導致國家邊界，今天還在變遷。血緣和徙聚，使歐洲人對外來先進文化，樂意接受和追求。只要人類毋忘彼此是生命共同體，「本是同根生，相煎何太急？」人類永遠「民至老死。不相往來」！世界和諧！人類永無戰爭之驚飢餓之危！團結一致生命共同體！何樂而不為？**中國以德報怨精神永遠是人類和諧的基石。**如果非洲兄弟共識此一共生之道，以本國語言為基礎，而以中國語言為第二國際語言，世界人民共同體，必然加速到來。世界唯有中國才有公道公平可言！大家以中國語為國際語言，和平和諧如影隨形永遠樂也融融生活在同一地球上。

1. 歐洲黑暗時期

　　公元五世紀，東方已經出現璀璨的文化，來到了南北朝時代；但歐洲仍然正陷黑暗時期。公元 313 年，羅馬帝國藉米蘭敕令（又譯 "米蘭諭旨" 或 "米蘭詔書" —— 宣佈有信仰基督教的自由，承認基督教的合法地位）立基督教為國教，其後接

著是黑暗時代降臨。**上帝是自然能量的「假設」，根本沒有思維，不然那會以怨報德、將黑暗以還？**

唐朝在七世紀建立，像大鵬振翅衝天，將南北朝無能兼顧而荒廢了的絲綢之路，繼續恢復並且擴大；絡繹於途的商旅，把唐朝中國文化帶到西歐，並以此散佈世界。中國漢唐盛世，為全人類立下偉大汗馬豐功！有力反映，中國人是人類文明的拓展者，中國人永遠布施人類，無計報酬！

宋朝建於公元十世紀。海陸絲綢之路進一步發展，把宋朝發達的理學思想送到西歐，產生馬克思主義和資本主義回流中國災難！中國是人類文明拓展者，宋明理學傳入西方，絕非陷害西方，為什麼西方要以怨報德？陳子認為中國之受災來自本身不發展《道德經》思維強身健體，使西方游牧民族性格有機可乘。**「道主儒輔」可萬變不衰，應緊記於心，世代不忘。**

黑暗時期的歐洲，人民生活困苦、文化極為低落，像一塊未得耕耘的土地。唐宋的文化，把它開闢，照亮了西歐，從此永遠擺脫黑暗，步向世界文明。

羅馬中國文明輸歐洲第二驛站，但利瑪竇代表歐洲人回贈顛倒人性"非人創造鬼神"的宗教，將明崇禎迫上煤山自盡、1842 年賠巨款和割香港及其後災難源源，佈下天羅地網產生"日不沒國"的天下妄災！傷心哉，誰憐我受西方踐躪姦暴的中華！唯好自我熱淚盈眶⋯⋯中國應當知道囊中有《道德經》可解萬難！為什麼是無知不用？

2. 歐洲文藝復興

　　西歐歷史學家頗有點偏見，説歐洲文藝復興的前因來自希臘的影響，似乎與東方文明無關；白痴，沒有宋明理學西傳那有馬克思主義和資本主義產生西方繁榮。西方學者妄説希臘影響西方，歷史真理是中國開發西方不可泯！請勿依無知而妄知恩義，中國春秋時期，希臘尚是游牧社會，中國小農經濟傳入啟導愛琴海的跳躍文明！西方學者！

　　公元 1275 年，馬可孛羅到中國來，在當時元朝擔任官職二十多年，將身歷其境的見聞，帶回西方，引起航探東方的熱潮；東方的文明，源源輸入歐洲，比任何時期更為大宗。中國知識分子，向有歌功頌德惡習，見西方發展如蒼蠅聞糖蜂擁媚歐，無知儒家的輓歌宋明理學却是西方的紫氣東來。只顧一時激情，五四學生高呼 "打倒孔家店"，妄知**道主儒輔是救國救民靈芝！**

　　朱元璋這位 "解放黄禍" 的皇帝，於 1368 年建立明朝帝國；其後永樂的三保太監下西洋，進一步把中國文明用大船運送到非洲和歐洲。但惜回航後，以為功德完滿、世界為我獨尊，以燒船慶祝，妄知其後中國走向衰落！要永引以為鑑。陳子**「但願誠心寫道德，何須着意做神仙」**目的警省中國人勿容易得意忘形！

　　元朝和明朝的思想在歐洲醞釀了先進的思潮，把頑固強大的東羅馬帝國瓦解，於公元 1453 年全面崩潰滅亡。中國文明思想配合希臘學者的流入，在歐洲掀開了文藝復興的序幕，使歐洲進入更加文明的時代，為歐洲工業革命鋪平了思想道路。惟嗟嘆西方人以怨報德。但西方工業革命帶動中國辛亥革命時

期亦進入工業時期。孫中山宣佈五族共和、建立中華民國、縫補了中華民族，孫中山是中華民族締造者，為中國開始進入世界歷史工業時期。足見中華文化開拓世界的互動作用。**可說世界沒有中國人，根本不會有世界文明。《道德經》是打開人類「眾妙之門」的鎖匙！**

3.　歐洲工業革命

歐洲工業革命，帶給歐洲史無前例的文明，亦開拓了整個世界，但亦將人類推進災難的漩渦。而中華民族却付出忍受慘絕人寰災難的代價，任由西歐及全世界的殖民主義者，藉着工業革命後提供的船堅炮利，去宰割和蹂躪。這是人類歷史最為痛心的一頁，切勿重演！不過，中國今天一帶一路、人類共同體，可根深西方人仇視中國人的根源！反映中國人永遠是以德報怨的族群！

西歐工業革命之前，中國四大科學發明，已經在元朝將之全部輸入，開闢了西歐科學天地，觸發工業革命的思潮。中國四大發明，是人類科學的基礎。

十八世紀末年，工業革命在歐洲開始，至十九世紀發展到世界，而大功告成。

中國送給西歐及世界的是文明和幸福，但西歐及世界殖民主義者，回報的是凌辱、痛苦和災難，這種以怨報德的行為，應值得人類深思並且找到其根源！

《道德經》是一本指南和地圖，根源歷歷、脈絡分明。**中國老子《道德經》傳入西方，可惜西方只尊道而不貴德；其科學發展帶給全人類害多於益，促使西方侵略成性災難全人類，**

尤其是中國遭受災難最為嚴重，幾乎滅國亡族。中國人要好好回顧此段歷史毋忘。中國人應知：晨早當思謀生計，閑時應讀《道德經》。《道德經》是醫治人類無知妙藥奇方。

人生自古誰無死　長壽永年唯道經

（二）猶太思想和殖民主義

猶太思想，並非猶太人的思想，與今天的猶太人完全無關；因為歷史不可能按今天人的意志去改寫。它是羅馬帝國殘暴的統治者，採取滅族亡國的政策所迫出來的，是用傳教揚族的途徑去發泄和鬥爭的思想精神。殖民主義是西方滅絕人性的野心，興起於工業革命之後。為了實現它們的野心，將變了質的宗教，作為先遣的外衣，去刺探和瓦解侵略目標的國情和思想，為其軍事殖民服務。

殖民主義和猶太思想，在對外擴張的問題上是一致的，所以合成以影隨形的關係，到今天仍意篤情深，未露分手的端倪。

1. 猶太思想的形成

回顧猶太思想形成的歷史，使人潸然淚下，無限同情此一東方民族，亦非常惋惜。這種思想，却成為殖民主義的幫兇；反映殖民主義以欺騙而掠奪為中心，不擇手段去增加財富。任何人均有求發展的基本動力，因此用民主自由去吸引天下投入漩渦，共赴同歸於盡的毀滅。欺騙連累千千萬萬僅享廚餘之"福"的百姓平民。

　　公元前八世紀，猶太人是個多災多難的民族，屢遭外族箭如飛蝗的侵略。亞述帝國、新巴比倫帝國、波斯帝國、馬其頓亞力山大帝國、羅馬帝國等，它們的軍隊曾經踐踏過猶太國土，毀壞和洗劫過猶太的村莊。用《道德經》哲學觀去審視猶太人所遭遇慘況，足以説明災難全來自西方。

　　為了組織反抗侵略者，將政治組織與宗教組織合為一體；舊約和新約，卻變成了政治綱領，耶穌亦因反對羅馬帝國而遇害。也許如此，耶穌由烈士變化為神，**所以陳子提出「人創造鬼神」的永恆真理觀。**耶穌是一位偉大愛國者，萬民敬仰，但為西方將其偉大精神扭曲變成欺騙的神！嗚呼耶穌偉大！陳子只能為您送出熱淚盈眶。人格最卑污的是西方政客，他們殺害了您，還利用您去欺騙世人，利用您去佔有別人的頭腦、去掠奪別人的家人、去佔據地土，還強姦他人家人和國民！您給他們利用了，可惜您完全沒有思維才會給他們無反抗地利用，所以本人説「人創造鬼神」為您脱罪，為您申冤！偉大的耶穌，您最可憐！相信唯陳子真同情您、為您灑淚！

　　公元 131 年，猶太人遭受空前大屠殺，五十多座城市和一千條村莊受到摧毀，屍橫遍野五十萬多人。如果説將悲哀化為神奇的補償，這肯定是西方人傳統技倆；直到現在，由美國承傳為世界警察。宋明理學、王陽明心學，西傳發展為資本主義，變成喪盡天良的欺騙思維。人生有思維，死後無思維仍被迫為神而欺騙世人。陳子完全相信，終有一天人們完全真實寫出您的真實經歷；陳子最為人熱淚潸潸。

　　如果神有思維，西方政客豈敢利用您！難道他們不怕回馬槍，弄得他們家散人亡嗎？

逃出生天的愛國者向天地禱誓：雖然國家滅亡、領土被佔，但決心要將其思想傳播全世界，使猶太思想永不熄滅，並佔領世界思想領域。豈知此理想變成幻想，變成思想騙術，遺害世人、危害世人，變了罪神！耶穌！可憐的偉人，可憐的神！耶穌！可惜，您由有思維的生人被殺而變成無思維的能量，永遠無法向西方政客報仇雪恨！

猶太人流落西歐，踏的並非國土，惟有在經濟上建立王國，藉着雄厚財力培養各種國籍的宗教人材；並藉着貧窮飢餓的問題，帶着剩餘的物質，向全世界宣傳自己的宗教思想。這種宗教擴張思想實質是一種宗教侵略行為，這種行為和思想，稱之為“猶太思想”。“猶太思想”是悲哀歷史思想，可惜因神無思維，被扭曲亦無可奈何，神多可憐！生時為英雄，死後無知而為人利用欺騙他人，不亦悲乎？

陳子為您痛哭為您淌淚，您當然無知！因為您無思維！我更加痛哭！淌淚！

猶太思想，是宗教擴張和侵略思想；它是歷史產物，與今天猶太人民百姓，完全無關。猶太人民是偉大民族，無知其他人如何，但《道德經》哺育中國人對猶太人無限同情，共灑同情熱淚！問蒼天，世界何日才屬於受苦受難的人民！出現如此天下：

 無邊宇宙雲橡瓦　世界春風笑萬家

據説耶穌基督在印度學過佛，很自然會接觸《道德經》，所以耶穌死前説：天父天父為什麼棄我而去？

猶太思想是歷史遺留下來舊東西，為西方所利用，已經變了質，不再是猶太人思想，已經名存實亡，實質是西方殖民主思想的附屬品。

中國歷史長達一萬一千年，是人類起源地喜瑪拉雅山原居民，移徙至黃河流域的偉大民族，拓展人類的文明；但並未為西方政客抬舉成為世界受尊崇的民族，却受盡西方蹂躪、侵略至今天，這偉大民族老子寫了一部人類總哲學經典——《道德經》。

於 1993 年 9 月陳子參加第一次在北京舉辦羅天大醮。**在北京白雲觀堂上，閔智亭道長指出陳子寫那本《只有〈道德經〉能夠救中國》的書應改名為《只有〈道德經〉能夠救世界》**；陳子緊記於心，《道德經》確實能解千難萬難的社會問題。至於猶太思想的認識，只有《道德經》能解釋一清二楚。《道德經》是全人類獨一無二的哲學經典，確是信我者得救的真聖經。所以要：**人生自古誰無死，長壽永年《道德經》**。

有人提醒陳子切勿將此書改名為《只有〈道德經〉能夠救宇宙》，怕它落到外星人手上，統治地球人！然而，《道德經》可永恆擺脫人類政治短視眼光的妒忌。

2. 西方殖民主義的形成和發展

西歐是民族最多、血緣最廣的地方，他們的文化最為複雜，主要來自東方文化。而因現實生活環境產生的文化，促使他們向外發展的思潮，欲望猶如波濤起伏。

中國在公元前已經出現漢朝的文化，但西歐仍然處於蠻荒時期；只經過五百年的發展，就衝破黑暗時期，進入另一個

時代；再經五百年的發展，開始走向更高的文明階段，催促羅馬帝國走向滅亡。羅馬帝國是歐洲人文化和生活的桎梏。公元1453年，東羅馬帝國滅亡，在歐洲的天空上響起春雷，萬事萬物因之而欣欣向榮，此時正巧是明朝代宗年間。

東方文明是歐洲進步的基礎，尤其中華文化，絲綢之路好像一條韌帶，與他們向外發展的思想相配合，西歐才有今天的文明。

十九世紀的歐洲工業革命後，西方人向外發展的思想，進一步受到唆擺和蠱惑，與猶太宗教擴張思想混成一體，產生殖民主義，破壞了整個世界的和平。尤其是中華民族，受其災最大、受其難最深，它們好像一群冷血的瘋子，與中華民族不共戴天。西方恩將仇報，**西方責無旁貸，但中國人却無知，不將《道德經》宣揚是難辭其咎。**

中國不少頭腦不成熟的人，他們過早以為殖民主義已經接近尾聲，完全不跟究它們的動向；却麻痺於它們的偽善，把它們放出的民主、自由與人權，看作是鬆脆甘美的肉塊，只要中華民族照它們做去，就可豐衣足食、天下太平；殊知中華民族是西方共同的假想敵人！他們想千方百計拉垮中國，這是今後西方新殖民主義者共同新的方針政策。美國是罪魁禍首，是全人類和平的敵人！

神因無自生思維，永遠是西方政客居心叵測的利用玩物。但《道德經》是全人類的聖經天書，只要將之宣揚和普及，一切壞人均無地自容而世界大同。倘若中國民族宗教道教，恢復以「人創造鬼神」的教旨，大同世界更加加速到來。「聖代無隱者，英靈盡來歸」，作為民族宗教的中國道教，為什麼噤若

寒蟬？

　　中國人是人類文明拓展者。道教源始張道陵，以《道德經》為聖經、「人創造鬼神」為中心，傳播中華文化；但因受生活折磨、政治的威逼，忘記了「人創造鬼神」的宗教旨意，而却神化了鬼神，失却自己的社會職責。

　　道教以「人創造鬼神」為中心的中華民族宗教！

第三節　概述世界哲學

陳子撰聯世界大同快將到來：無邊宇宙雲椽瓦，聲色無分是一家。

世界上的人類全是一樣，無分語言，抑或膚色，以及生活環境。大家在求生的過程中，彼此頻密的交往，廣泛與自然界接觸；使用前人積累之經驗，用以檢查事物變化、運動、發展的規律，以之指導和掌握生活實踐，達到穩定、提高、滿足生活的質素。這種指導人類生存的概括理論，稱之為哲學。**《道德經》是人類最為前無古人，後無來者的唯一總哲學經典。**懷疑者全是白痴。中國仍有不少如此跟不上時代的人。

哲學成為獨立學科，是近兩世紀的事情。然而，在中國周朝時代，老子的《道德經》，已經是一部世界上唯一最完整的哲學經典。然而，中國人却無知《道德經》是哲學天書，是前無古人、後無來者的人類唯一最早哲學天書。

哲學是一把鎖匙，打開宇宙一切科學知識的理論總鎖匙；連當時稱聖人的孔子亦謹慎言之 "克己復禮" 而噤若寒蟬。但董仲舒投漢武帝所好，投機以克己復禮獨尊儒術誤天下眾生，扭曲中國歷史發展；唯羅貫中指出：「中國天下，分久必合、合久必分」。中國自孔子提出克己復禮，至董仲舒咆哮獨尊儒術、罷黜百家，中國就謹依此軌道發展直至 1949 年。

（一）概述東方哲學

東方是世界哲學的發祥地，沒有東方，世界也就沒有哲學。

　　東方雖然哲學多門各類，但主要分為兩大類：一是唯心迷信哲學，一是科學哲學。《道德經》是唯一全人類科學哲學經典。

　　科學哲學是中華民族獨有的哲學。所以東方哲學，應以中國為代表；世界哲學，亦應以中國為代表。希臘哲學家全拾中國哲學家牙慧。

　　當整個人類世界沉淪迷信無思維上帝創造人的時代，整個社會聽從無思維神權操縱生殺大權；然而，中華民族以老子為代表，提出「**有物渾成。先天地生**」的科學哲學，超過世界各國二千五百多年。西歐現在仍為無思維神權唯心迷信哲學所籠罩，西方政客為了迷惑世界人類，推行以拾中國四大發明牙慧包裹神創造人而泯滅天理的宗教，取得人類的資源而完成當上人類霸主，制造人類災難，直至今天！豈不傷而悲乎？如果上帝真有思維，亦會因為西方做了無數慘絕人寰的壞事而慚愧落淚。正因上帝並無思維，才為西方政客利用，為所欲為。

　　伏羲氏是世界科學哲學的鼻祖，把人類的智慧刻在圖文八卦之中。八卦是人類最早的圖文科學哲學經典著作，又是人類前無古人後無來者的唯一創造發明。

　　軒轅黃帝中華民族始祖，運用科學八卦哲學，取得史無前例的豐功偉績；在五千年前建立國家，那時已知養蠶織布和創造文字。中國文明到了什麼地位？按八卦內涵推斷，中國文明應由九千年前開始，是人類文明的拓展者。西方宣揚埃及文明，是魚目混珠。反映西方政客是人類文明制造欺騙歷史的罪魁禍首。

　　文王，是周朝開國元君，他第一個人天才地將伏羲氏圖文

哲學，演繹為文字哲學。《周易》是世界上第一部文字哲學經典，是全人類哲學永恆經典。

《周易》好比一個成熟完美的蟠桃，而《道德經》是其凝聚的精華果汁。

老子，博覽群書，精確觀察生活現實，洞悉整個大自然的規律，將全人類的智慧盡冶鑄於《道德經》中。

《道德經》是人類萬世奇書，包羅萬有，是整個宇宙萬事萬物的縮影，全人類所需要的知識盡在其中。

漢朝和唐代，稍為採用《道德經》哲學思想治國，漢人和唐人的聲譽震撼西方，直到今天還在環繞世界迴響，並未停息。相信會延續至「小國寡民」仍不停。

當然，今天中國領導者，能採用《道德經》哲學思想治國，完全可以肯定，第三次震響的聲譽，必將人類引導走向永久幸福和平世界大同。所以言之永恆：中國人是人類唯一拓展者！亦必將是人類大同的啟導者！

老子，並非上帝那樣虛幻無實盜名，而是從科學實用的《道德經》，去顯證他的智慧永恆，而人類共同尊奉和尊呼他為真正唯一名副其實的救世主！是人創造鬼神最偉大人間真上帝！《道德經》有明確論證「人創造鬼神」，全人類宗教在《道德經》尊下膜拜永恆；不然，她就並非人類宗教。中國道教是人民宗教，不去履行職責宣揚「人創造鬼神」，由中國人民宗教而提升為人類代表宗教實有違張道陵的殷望！張道陵立教時定《道德經》為聖經，宣揚《道德經》是中國道教的天職！敬希中國道教徒，宣揚和終生奉行「人創造鬼神理論」！「人創造鬼神」是清理宗教的掃帚，堅持以它為永恆宗教門戶的掃帚

清理自己思想而連鎖世界宗教門戶，配合聖人一帶一路弘揚中華文化貢獻人類，邁向人類世界和諧大同。

　　中國人在八千年前已經知道天理、地理、人理，全在八卦圖文反映，足見中國智慧遠超世界上任何民族！黃帝時已知養蠶織布，老子將八卦智慧演繹成文字而成《道德經》，成為永恆指導人類哲學經典，可想中國人智慧已到登峰造極。

　　《道德經》永遠是全人類的文化天父。全部鬼神沒有中華文化，就完全不存在創造基礎。

（二）概述西歐哲學

　　無數天真爛漫的中國學者和民主人士，他們對西歐哲學，好像是春江的鴨子，用誇耀和羨慕的語調，去讚揚西歐是哲學的公園、民主的苗圃，非議不向西方看齊的國人；豈知他們卻大跌眼鏡，做了一件背棄民族信念的事情，因為他們在《道德經》方面知識太過荒蕪！可說是完全的典型白痴。

　　惡補《道德經》是他們急不容緩的事情，如果他們是個真正愛中華民族的人！

　　西歐哲學沒有一家跳出主觀神權思想的桎梏，他們全是有意或無意地維護神權；無論是唯心主義、唯物主義，或者羅素哲學，全是一丘之貉，在本質上沒有區別。統稱之為“拾中國人牙慧的哲學”。像如此中國人，全是可憐的無知。

　　公元六世紀前，神學和哲學是連體共襠兄弟，無彼無我；神權是哲學，哲學即是神權，只有神職人員，才能解釋一切。哲學好比一塊田，一切耕作全聽神權者指示。西方政客藉無

思維的神去欺騙和奴役全人類。西方政客永遠是全人類罪魁禍首！

到了公元六世紀，希臘人較清醒而叛逆，把神學與哲學分家，經五百年的發展，西歐哲學除了多幾張亂說的嘴巴外，仍看不出有什麼特殊的高見。

公元十一世紀，基督教興起，羅馬帝國滅亡，神學強吞了哲學，枉費五百年的分家，又走回頭黑暗的道路。

西方哲學好比一塊長期使用抹枱的巾布，費盡工夫，亦無法洗淨主觀神權思想的污垢。

自然科學的發展，充分暴露神權的虛偽和欺騙；哲學家再不想與神職人員同流合污，產生擺脫神學的要求，走自己獨立的道路。可惜西歐哲學家，長期受神學思想的薰陶，未能徹底自覺排除其影響；因此，他們的著作不同程度地受宗教主觀唯心的染污。莫知西方科學家是裝蒜還是無知，始終將科學塗上宗教色彩，配合宗教騙人！無數可憐炎黃子孫，迷信非人創造鬼神，而自甘墮落相信神創造人！他們全是數典忘宗的典型白痴。人創造鬼神，從亙古至今而將來是確實的真理。

十八世紀工業革命開始興起，哲學思想與神學矛盾越來越大，不時向宗教發炮，使不少中國人眼花撩亂，看不見無論唯心主義哲學，抑或唯物主義哲學，同樣為神權遺留下來的主觀唯心的幽靈所控制，給人類社會帶來揮之不去的災難。

絕非危言聳聽，人類的災難和動盪全都來自西方哲學思想所導致：

十字軍東征、殖民主義興起、第一次世界大戰、第二次世界大戰、新霸權主義……錯誤思維僵限人類，無法跳出此一圈

套，總原因是人類失落了老子《道德經》的指導！中國古諺：聖人出黃河清，鄧小平放棄階級論是聖人出的先兆！陳子是個唯《道德經》是從的人，憑善良本性說，如果馬克思理論能放棄階級論和唯物主義，它的理論水平和價值大超過宋明理學和孔學。此一驚人舉止是唯獨向老子《道德經》甘拜下風的偉大創舉。**因此「道主儒輔」將是治世偉大學說，中國萬世長生久視。**

二十世紀二十年代，唯物主義哲學思想氾濫，帶來將近八十年的災難，是一件刻骨銘心的大事，切記毋忘！令陳子懷疑，馬克思博覽群書，實際有無讀過《道德經》？毛澤東先生他用《道德經》取得天下，但他仍說《道德經》是客觀唯心主義，難怪會有十年文革災難，羞笑世人。推理可說馬克思無知《道德經》。

錯誤的哲學，永遠是人類災難的漩渦！《道德經》是全人類永恆唯一救生船！所以中國人拓展人類文明，啟導人類邁向大同是永恆真理！全人類應共奉《道德經》為天書，而中國世代要：「**晨早當思謀生計，閑時應讀《道德經》**」。

高呼《道德經》萬歲，慶賀人類世界大同的實現到來！中國聖人，是其領導者！他坐著「道主儒輔」的馬車向世界人群揮手！

總而言之，只要中國永恆高舉《道德經》，推行「道主儒輔」，中國人永遠是全人類明燈！中國人是人類文明拓展者，亦是全人類最能代表者，永恆以德報怨貢獻全人類。

人民永遠是人民，是社會的主人，是世界的主人！因為「**域中有四大。王居其一焉**」！

第四節　概述唯心主義和唯物主義哲學

唯心主義和唯物主義哲學的劇烈鬥爭，使很多人眼花撩亂地迷惑，錯誤地認為它們是截然不同的哲學體系。豈知它們是同根兄弟，來自宋明理學，彼等同來自儒家這一個母體，兩者都不是科學的哲學。儒家發展到宋明時期進入死胡同，為了擺脫死胡同，由宋朝朱熹和明朝王陽明提出格物致知哲學和心學哲學，共稱宋明理學。宋明理學對歐洲哲學、科學、文化開發功勞大大超過前期儒家思想的輸入。馬克思和資本主義的前身是朱熹和王陽明兩家哲學。

文章至此，陳子敢斷言：世界沒有中國人，人類根本就無哲學此一學問。八卦是科學圖文百科全書，發展中國，牽動世界，是全人類文明的起點。中國人是世界文明的拓展者。

（一）唯心主義哲學的錯誤根源

唯心主義哲學的錯誤，可從四個方面去認識和探討：

1. 唯心主義哲學與神學同流合污

六世紀前西歐，神學包攬和控制了哲學；其後有一段時間分了家，但很快又為神權所擁有，變成神權的奴隸。直到十七世紀，自然科學把唯心主義哲學拖出宗教的藩籬；但唯心主義哲學家，仍然卑躬屈節奉獻神權。也許西方人早知如果不混淆神權哲學而單獨自然科學發展傳出歐洲，為其他國家只取其科學，而拋棄其宗教。若然如此，很易為其他地方超速歐洲。**不**

少國家因受科學知識的引誘而陷入宗教的奴役，神創造人的宗教思想迅速傳遍各地。敬請中國深思熟慮，西方人為什把神權思維特意要與自然科學思維混為一談？無他，接受其自然科學的進步又要同時接受其神學奴役；難怪中國留學生那樣迷醉西方民主自由。

實質中國農業社會，亦有人說是封建社會，困擾中國聰明並未走出農業機械化。

西方宗教，迷信於上帝創造人類；誰說了人類來自進化，誰就犯了天條，非殺則牢。唯心主義哲學，並無勇氣拋棄此一迷信枷鎖，但又怕有同流合污之嫌，所以說萬物包涵於心，精神決定物質，物質是感覺的複合。這種偷偷掩掩的結合，瞞騙了不少無知的人。

唯心主義哲學，實質仍是神學。中國儒家敬鬼神而遠之、克己復禮，反映儒家與神權有千絲萬縷的關連。所以儒家思想發展至宋明理學，仍屬唯心主義哲學，並非唯能道家哲學。傳至西方很易與西方社會結合，發展為馬克思主義和資本主義思想。宋明理學傳入西方，推進了西方社會。西方神權思想與資本主義思想結合促使西方神權更加速發展至各地。其政治侵略機會又進一步擴大。

不過，馬克思思想反映西方人對神權哲學的不滿，它是代表越軌而反叛思維。這種思維將災難全人類。**但其另一面却衝擊資本主義世界加速衰亡，而中國道家唯德唯能哲學思想崛起，發展成為全人類共同思想：**

道德為宗永治本　推崇馬列掃門庭

在這軌道上，障礙諸多，全靠一帶一路聖人能化亂淵源。

2. 進化創造了人類的思維和精神

「道生一。一生二。二生三。三生萬物」說明人類來自進化，並不是來自上帝的創造；中國人老子，在二千五百年前，已經論證了此一問題。人類的思維和精神，不斷走向高級和完善，是靠人體攝生去延續與支持。這說明了思維和精神，其功能和運作，是來自物質的發揮，才可能有神奇的效能；不然，腦的功能宣告停頓與結束，什麼感覺也沒有，那還有「物質是感覺的複合」的可能？

唯心主義哲學的錯誤，無知唯能是物質發揮最盡頭，再從進化的角度看，生命來自物質發揮推進人體，絕非上帝推動人體。總而言之，人的發展是物質能量的推動。從能量發揮去看，也就一目了然。神完全失卻創造的實際可能，是物質創造和發展人類。「萬物生於有。有生於無」，《道德經》永恆真理永恆指導人類社會向前。

道是能量統稱，來自物質的發揮。上帝和一切的神基礎是道。如果上帝非物質，是無上帝。

3. 從物質的存在與其存在意義看思維與精神

宇宙萬物，存在各自井然，而獨立存在。如果沒有人類賦予他們意義，存在也只是空然；若然人類不主動給予，萬物有何意義？道理非常淺而易見：**任何物質之所以有價值和意義，是來自人類思維和精神的調動與取捨。**這裡出現兩個不同問題：一是物質的存在，一是物質存在的意義；前者脫離人類思

維與精神而存在，後者，與人類精神和思維，有緊密的關連。完全可以說，物質的存在意義全包涵於人的心中，因此主觀必須按「道法自然」為依歸。稱之為客觀主導主觀：「故常無欲以觀其妙。有欲以觀其竅」是永恆思維規律，萬變不離其宗。何謂客觀主導主觀：物質存在永遠是客觀的，但其用途和價值是人的思維所導致！人經常要客觀去觀察物質本身自己的變化，然後思維其為什麼變化，其原因其結果是什麼呢？物質的變化必然結果，此謂之「竅」。「竅」即變化規律。

4. 精神和思維是能量的表現

人之所以有精神和思維，精神和思維是能量的反映；能量是物質，而並不是空無。完全由能量推動，而精神和思維又是能量。

道是能量的統稱，能量來自物質的發揮。人類之所以能有精神和思維，完全要靠攝生的支持。物質到了人體後，經消化與吸收，吸收得來的營養，維持了生命；有了生命，才可能有精神和思維的表現。這很明顯地說明，精神和思維是來自營養這種物質的發揮。生命是思維的根本基礎。「人之初。性本善。性相近。習相遠。」《三字經》反映人性相近，但生活遭遇和環境影響人類思維千變萬化彼此有天淵之別，所以公民教育是社會發展永恆守則。《道德經》永恆是人類唯一正確指揮總台，它指揮人類效忠國家民族。由它指揮，人類那裡會有錯？

思維與精神是一種特殊的能量，能量可以作功，使物質賦予存在的意義，但並非主宰物質的存在。思維與精神永遠是來自物質的發揮，這是不變的絕對真理。

從上述四個方面，充分說明了唯心主義之所以錯誤，它

一直跟着神學的認識論走，與神學同流合污，不從進化觀點去看人類的由來，而迷信於上帝創造人類；又把物質存在和存在意義，混淆不清，更加無法認識精神與思維是一種能量，來自物質的發揮。這是唯心主義的錯誤根源。西方用唯心主義夾雜神權是欺騙人類為自由民主而走向不歸路。大家要明白，真的無拘無束的唯我，地球上死剩一個人，人才有真正的自由！因此，西方的自由、民主政制，導致人類社會同歸於盡！人真正自由民主，地球上只剩下一人；剩下一人，社會怎樣運作呢？到那時連神也不存在，反映神也不能自保！神是沒有思維的自然能量，它失掉與否全不會發出要求的呼號！

《道德經》云：

「故常無欲以觀其妙。有欲以觀其竅。此兩者。同出而異名。同謂之元。」

倘若人能常如此運用思維，唯心主義絕跡於思維。《道德經》指導聖人，聖人永遠「後其身而身先。外其身而身存。非以其無私邪。故能成其私」，聖人所以能稱聖人，原理在此。

唯心主義哲學的得名，來自它對事物的認識，一切均先從心決定和出發，所以在學術上給它這樣的稱呼。由客觀去思維，後由主觀判斷，此是《道德經》思維，永恆思維。如果普及《道德經》教育，置《道德經》於掌股之間，陳子曰：「晨早當思謀生計，閑時應讀《道德經》」。人類社會永遠：堯天舜日，甘雨和風！《道德經》使人類社會永存！

唯心主義者，無知精神與思維均是物質發揮出來的能量，它能主理物質的使用意義，但它却不能改變物質的客觀存在。物質永遠是脫離人的思維而存在；思維是人類特有功能，人類

用以認識和運用物質而發揮物質功能。

陳子曰：

　　人生自古誰無死　　長壽永年道德經

（二）唯心主義的兩面性

腦袋雖然大不過升斗，但唯心主意者認為宇宙萬事萬物，無不隨心所欲，呼之則來，揮之則去，莽莽大地，茫茫太空，全納吾心，予取予求，不亦樂乎！然而如此，都給人類帶來暫時的需要，繼而下往則惹來滔天大禍。

是以，一個唯心主義者，當其心情舒暢寧靜時，慈悲大發，悲天憫地，待人處事，仁義無可復加。然而，當其情緒不安，恨心一起，也就寧願我負天下人，莫天下人負我。世上一切殖民主義者、帝國主義者、軍國主義者，他們和任何作奸犯科的冷血動物一樣，一切由心出發，任作任為；這些人，全是唯心主義者，並非他人。所以毛偉人用《道德經》戰勝蔣先生八百萬大軍於 1949 年取得中國天下，但十年文革災難却害死無數愛國精英。毛先生說《道德經》是客觀唯心主義！其錯誤根源是馬克思階級論所導致晚節不保。不應作錯誤的推敲，數風流人物還看今朝，指的是中華民族。而並非他自己本人。

所以說世界人類的善與惡，盡集其心；唯心主義者，既是善長仁翁，亦是罪魁禍首，此絕非聳人聽聞之言。

唯心主義者，憑主觀而喜怒哀樂，去對待和處理日常事務，其兩面性也就表露無遺。善良時是唯心主義者仁慈一面，反目無情是其壞的另一面；此是唯心主義的兩面性。唯心主義

兩面性反映在政治上，推行民主和自由，自由和民主欺騙了無數被侵略和屠殺而屈服而受統治的奴隸及殖民。日不末國是欺騙、屠殺和自由民主凌辱的凝聚體，是敬而生畏而毛骨悚然的圖騰。唯心主義的兩面性，令人毛骨悚然！

（三）唯物主義的錯誤根源

唯物主義者，以物質為出發點，把精神擺在第二位；從這種自稱科學的觀點，向唯心主義發動不共戴天的攻擊，但始終無法把對方徹底打敗，而獨霸哲學舞台。無知天外有天，道家「唯德唯能」哲學，是宇宙內獨一無二的科學哲學。

唯物主義的著作，汗牛充棟，其中有不少甚有價值的東西，但亦有很多錯誤的思想，盲目地指導社會經濟、政治活動，暴露了其缺點，遭到社會的摒棄。

到底唯物主義的錯誤根源是什麼，從下面三個方面進行探討，以供大家參考和批評。從下面三點；可認識唯物主義簡直是殘酷的刑具。唯物主義害死中國無數精英！

1. 唯物主義深受神學影響

著名的唯物主義哲學家，出身宗教家庭，長期接受神學教育，父母宗教思想對他們加深浸染；這一種狹隘有毒的傳統思想，根深蒂固，不但揮之不去，並且催促他們嘔心瀝血，想使它借屍還魂，擺脫時代的宣判。

對宗教猛烈開火的唯物主義，使很多人看不出它與宗教的血緣關係。它非常巧妙地把家傳宗教的原罪和平均主義思想，

放進他們的哲學中。原罪和平均主義，在他們的心目中，是正確無訛的，不惜去尋求哲學理論支持，貼上科學的標籤，讓猶太思想在哲學圈內氾濫，將接近一半世界人口，捲入災難的漩渦。

唯物主義和唯心主義同樣是神學的兒子，以不同面孔和裝扮推銷猶太思想而已。兩者同是一丘之貉。前面已經清楚論述猶太思想完全與猶太人無關。

2. 物質的普遍性是錯誤的認識論

唯物主義者，為了證明平均主義的正確性，引用物質的普遍性作證明，去蒙騙大眾。當他們提出物質的普遍性時，先把物質的特性和屬性抽掉，然後將各種物質細分，認為其結果大家都是一樣，毫無分別，以此說明物質的普遍性。再從物質的普遍性，證明平均主義是正確的哲理。任何物質皆有其本身的屬性和特性，它們存在物質本身；無論如何，亦不可抽出其特性和屬性。但不顧一切而用抽象思維將它們抽出，其實無法抽出而唯心地當其抽出，其實屬性和特性仍在物質本身；這種唯心主義哲學，却被當作唯物主義，可見唯物主義者無恥欺騙全人類。

唯物主義其實源自宋明理學，格物致知是朱熹哲學的基本點，而無知能量是物質的盡頭。唯物主義因困擾於物質的死域而為階級的靠山遺害蒼生。如果唯物論能跳出唯物的死胡同而知「能量」是物質的盡頭，也就擺脫階級論的困擾不會成為真正的枉死城。鄧小平先生是世界偉人，以白貓黑貓能量的發揮而拯救了中國以及世界為新世紀思想樹立路標。貓論唯能思維

歸屬道家唯能哲學思想，反映鄧小平洞悉老子《道德經》將水潑不入、針插不進的唯物主義哲學瓦解，建立天才改革開放的革命道路。

唯物主義把物質的特性和屬性抽掉才細分，顯然是一種唯心主義的演證方法。另者，物質細分並不是其最後的盡頭，而應當是能量的發揮。唯物主義的認識論僅去到物質細分，並未去到發揮為能量；這種認識論是不徹底而錯誤的，大家一目了然。但受騙到鄧小平貓論成功指導中國的政治，才宣告開始結束。然而，鄧小平絮絮不休，叫國人要防左。

陳子出身新界貧困家庭居住無窗的二字屋，誓為擺脫貧困而奮鬥。1955 年投考進入高校，三個月而知階級論是死胡同；畢業後認真工作回報培育大恩才離開大陸，猶記焚去《分省進入共產主義》的完整提綱為避文革風險。回港後要求父親給予赴英的機會。在英居住十年在資本主義第一王國亦找不到解決社會貧窮的出路。1986 年在粉嶺蓬瀛仙館首次接觸《道德經》，在七十七章找到「孰能以有餘奉天下。惟有道者」，恍然大悟只有《道德經》可徹底解決社會貧窮！因此全心致志**「但願誠心寫道德，何須着意做神仙」**。終生願為《道德經》而發揮，樂乎天命復奚疑！

3. 唯物主義者不了解精神是一種能量

唯物主義堅持奉行物質第一性，精神為第二性，以此作為打擊唯心主義。這充分說明唯物主義者，不理解精神是一種能量。能量是特殊物質，精神亦歸屬特殊物質的範疇。能量來自物質的發揮，精神來自物質發揮，精神是有思維的能量。有思

維能量指導物質，精神主導物質。南北朝范縝（粵音診）是道家唯能哲家思想家，他把人身體和精神相連不分，以刀的銳利與刀本身不分開，使天下高僧啞口無言。

中國老子，在二千五百年前，在《道德經》中提出能量是物質，今天科學家亦論證了能量是物質，剛巧與老子的理論相脗合。因此中國老子是能量的鼻祖，西方科學家拾中國老子的牙慧。故說《道德經》是人類唯一哲學經典。

人類通過攝生而維持體能，體能來自營養這種物質的發揮，精神是體能中最重要的一部分，佔據着指揮的地位。唯物主義和唯心主義兩者所指的精神，實質同樣是思維的代名詞，知道思維是一種能量的表現，就不難看出唯物主義無知的錯誤。他們對能量認識是白痴。唯物主義是錯誤不科學的哲學。

精神是能量，實質是物質，但並非普通的物質，而是特殊的物質。唯物主義者，用普通的物質，去否定特殊的物質，這不是說明了唯物主義的無知嗎？無知精神是一種能量，因此困守馬列主義階級論誤盡蒼生！中國共產黨是偉大政黨，但馬列主義階級論誤盡精英！唯望聖人提出拋棄階級論的到來！中國亂不得，亂則永遠當外國人奴隸！聖人能化亂淵源。老子在二千五百年前已經知道能量的運作，其影響，必然啟導無數接踵聖人撥亂歸正。貓論和一帶一路反映了洞悉《道德經》的智慧。中國進入聖人主政的時代！大治的時代在開始，其成就是人類和平世界大同。

從上面三方面的論證，唯物主義的錯誤根源可以一目了然；所以說，唯物主義，實質是更主觀的唯心主義，並非妄言。無論中國政治空氣怎濃辣，中國始終亂不得，亂則亡！以周恩

來為代表的中國知識分子永垂不朽，並非真臭老九！嗚呼，陳
子淚水湧流為國共的愛國知識分子淌流！祈望他們的英靈共志
保衛中華。道主儒輔像高鐵雙軌，車箱坐著中國聖人笑迎全人
類興賀掌聲和笑聲。

（四）唯物主義在實踐中的惡果

實踐是檢驗真理唯一標準。唯物主義在實踐中暴露其惡果
赤裸裸無遺。

唯物主義，是猶太思想繼承者。預知猶太思想將必為覺醒
的時代所遺棄，而企圖以另一種思想形式，貼上科學標籤，向
全世界推銷；以魚目混珠的手法，使猶太思想繼續推行，與世
長存。不過道主儒輔思想的普及，魚目混珠再無市場而自動消
失。

平均主義思想，是整個唯物主義哲學的核心；整個哲學思
想，全都為平均主義思想服務。只要任何一個人，能把握住平
均主義思想這個環節，他就可以瞭如指掌地洞悉整套唯物主義
哲學；那怕誰怎樣轉彎抹角地裝點自己，最終仍全是唯物主義
統治整個世界。唯物主義是錯誤的哲學，它必在人類唯能科學
智慧下消失。

猶太思想殖民宗教以平均主義思想為核心去遮掩宣傳，
吸引廣大民眾，擴大其宗教殖民，以期達到佔領整個人類思想
領域。唯物主義者，同樣抱着這個幻想，把平均主義思想放進
自己的哲學裡，通過似是而非的物質普遍性作論證，去蒙騙當
時科學水平不高而熱中於科學理論追求的人。**陳子堅定告訴世**

界人民說，世界無哲學，哲學全源自老子《道德經》；《道德經》是全人類唯一哲學經典，並是孔子的儒家思想之母。孔子對《道德經》一無所知，**從"克己復禮"和他的"敬鬼神而遠之"，以及"三人行必有我師焉"，反映孔子不懂《道德經》。**儒家最終走向死胡同，宋明理學亦可說是儒學的輓歌；馬克思思想是朱熹哲學傳西方後的餘緒。

世界上無數憂國憂民、善良、純潔、高貴、可敬的革命家，為其巧立科學標籤所蒙騙，採用這種錯誤的哲學思想，作為改造國家民族命運的指導思想；結果給自己深愛的國家和人民，帶來史無前例的災難。可惜他們仍然蒙在皷裡，不知失敗是什麼原因；不過，這種人會慢慢減少而至無。

中國老子在二千五百年前，已經知道社會存在財富不均是智力和環境配合的不同所造成，絕對不能用平均主義去對待，而必須通過賦稅的收集和運用去解決。但唯物主義者不肯放棄猶太思想的殖民幻想，而罔顧中國老子的警告，一意孤行，浪費了世界各國革命家的愛心和天才。**陳子完全堅信，最早先知先覺拋棄此一思想者，定然是中國人！鄧小平先生的「貓論換乾坤」指出了新的方向，方興未艾。**

原罪，是猶太思想的宗教，用來恐嚇和蒙騙廣大羣眾入彀的手法，牽制人們去為它的宗教殖民服務。而唯物主義者，領悟了原罪的"好用途"，只要將它變換一下名稱、使用似是而非的科學手法去稍作印證，也就可以欺騙了純潔的廣眾，如痴如醉地為平均主義思想服務。階級論就是原罪的翻版。痛惜人類天才誤陷歧途。《道德經》全本內容告訴人們「道」是能量統稱，先有人，到「人創造鬼神」。「道」在人類掌握下發揮

其智慧創造和主導萬物。人創造鬼神是人類社會永恆真理，永遠宗教思想的掃帚，把神創造人的迷信思想推進垃圾堆。

人類共源起喜瑪拉雅山，然後徙向世界各地。徙向東方黃河流域者，中國人；走向南方者希伯來人；徙向西南方者印度人和埃及人；徙向北漠者，游牧民族，驍勇善戰強悍。第一種人，思想明朗忠孝，後三種人比較沉毅和忍耐。最前者是中國人，人類文明拓展者，八卦和《道德經》由彼締造，是人創造的偉大奇蹟；原罪、消極佛教和金字塔思想由後三者締造首創。唯物主義是中國人思想，由儒家發端發展為宋明理學；朱熹理學與希伯來思想結合，發展為馬克思主義；王陽明理學，由游牧民族發展為資本主義思想。**人類思想不管發展怎樣繽紛，中國是其拓展者，中國人思想是世界思想總源頭，中國人是全人類文明拓展者；亦可預言人類未來的世界大同，由中國人啟導。**

階級，是社會財富不均的現象，在任何一種制度的社會裡都必然存在，問題是在於肯不肯老實承認的問題。要拉近不均的現象，唯一最妥善的辦法，是老子提出的稅收運用；相信億萬年後的人類社會，儘管普遍使用機械人，稅收仍然存在，作為調節社會的活塞。**最理智的中國道家思想是人類文明拓展者，「以德報怨」是其永恆主流普濟世界。**普天之下莫非后土、一帶一路、生命共同體，全屬中華民族思想。唯我獨尊、掠奪人類資源、自居人類警察全非中國人思維，所謂"匪夷所思"！

和諧與協調，是社會安定繁榮不可缺少的因素；階級論是挑起矛盾的壞東西，國家社會豈能安寧嗎？老子「**民至老死。不相往來**」洞悉者幾人？**陳子 1986 年已知是指道家思想普及**

全人類彼此和諧相處，永無投訴。此一社會風氣，稱之為「**民至老死。不相往來**」。

　　階級論，是唯物主義者為推行平均主義而提出和堅持的。平均主義是錯誤的分配思想；階級論的存在，也就成了進步的絆腳石了。中國共產黨是前無古人的偉大政黨，但因馬克思階級論而劫殺中華民族精英！十年文革災難，是中國人刻骨銘心毋忘的災難！「**老子道德化宇宙，小平貓論換乾坤**」，這是世界發展的必然。

　　精神是來自物質的發揮，屬於一種特殊的物質，即所謂能量。唯物主義者，實在不可能承認普通物質再上去的頂點是能量；如果承認了這個問題，無形中承認了不同的貢獻，應取得不同的分配，平均主義，也就無地自容了。

　　是以唯物主義哲學和唯心主義哲學兩者的錯誤，同樣是未能正確理解精神物質的關係；而唯物主義哲學的核心是平均主義，主要錯誤亦是平均主義，其他方面亦因此而連鎖反應。

　　唯物主義哲學，其中有好些理論是好的；最好的選用用作闡釋《道德經》，切勿暴殄天物，全盤否定。陳子自 1986 年接觸《道德經》後，**但願誠心寫道德，何須着意做神仙？**宣揚《道德經》和闡述《道德經》是終生唯一奮鬥目標，去留唯物主義理論，是細緻的今後工作。陳子為當今中國人提出和平統一見解：

國共何須爭生死　儒尊道主永富強

　　《道德經》第七十七章有永恆解決社會不均的偉大見解：「**天之道。損有餘以補不足。人之道則不然。損不足**

以奉有餘。孰能以有餘奉天下。惟有道者。」

《道德經》是宇宙中唯一微型百科全書，救人、救世、救宇宙。無所不救！

（五）羅素哲學的探討

羅素先生在近代西歐哲學中，佔着很重要的席位，為時代作了偉大的貢獻。對介紹和探討他的哲學，似乎是責無旁貸的事情；然而，將之對比《道德經》，兩者有天淵之別。但一般中國學者，尚未達此水平。今天的德國，每四家人有一本《道德經》；但中國知識分子，能懂「道可道。非常道」者寥若晨星。「道可道」是廣泛的社會層面；「非常道」是能量運作層面。這告訴中國學者，《道德經》的哲學地位比羅素哲學有天淵之別。兩者比較，《道德經》是全人類唯能哲學經典，羅素哲學是一部不盡不實的普通哲學而已。

1. 羅素先生簡略生平

他生於 1872 年 5 月 18 日，逝世於 1970 年 2 月 2 日，享年九十七歲。這盞璀璨的哲學明燈，經歷接近一個世紀，為西歐哲學增添了奇異的光彩。因當時西方學者無知《道德經》的偉大，連中國學者傾慕西方哲學而白痴中國哲學《道德經》。

父母是支持和參加自由改革和婦民解放的開明貴族，其後更是一位自由主義的狂熱信徒。溯數其再上一代，祖父亦是自由黨與自由主義的積極支持者和代言人。

羅素自小生長在自由主義的搖籃裡，自由主義風化了他的

心靈和腦袋，全身都無一不是自由的細胞。反映到他的哲學著作上，滿紙都是蹦蹦跳跳的字句，使人難於捉摸和適從；當時的歐洲政府，對這位哲學家，亦無可奈何，坐牢也嚇不了他無法無天地崇尚自由。羅素偉大，去世時陳子已三十六歲，曾旅英十年，因無名小卒無幸聽教於羅素先生；不然，會向先生請教如何解決社會的貧窮，不至追求到 1986 年，才在《道德經》找到：「孰能以有餘奉天下。惟有道者。」也許先生亦無知如何解決社會貧窮問題！相信羅素先生亦無知資本主義的盡頭：**民主、自由是人類同歸於盡而是其結果必然！哲學靈芝是老子《道德經》！**整個歐洲而及世界無人認識《道德經》，而中國知識分子對西方文化佩服五體投地，跪地甘當犬馬。無知全人類的世界大同，要靠《道德經》指導全人類永遠正確邁向「小國寡民」「民至老死。不相往來」，全人類和諧相處永無投訴爭端。

2. 對羅素哲學的芻議

(1) 對待真理的態度

　　他認為一種理論，如果未經科學的證明，不可視為真理。這種態度，似乎公正無阿，但却不盡然。也許陳子對羅素了解不深，認識自然不全面，不過完全可以斷言，**羅素無知「道法自然」才是真理。道是能量統稱，法是規限和造成，彼此自然而然的結合。**事物能否結合為一，由其彼此特性所決定；任何物質彼此的特性是對抗性的，也就各存不能結合的特性：比方水與火是不可能直接結合，必須通過媒介去結合。「無有入於無間」，火通過盛器而使水滾熱。

他舉了宗教為例：

宗教儘管曾在相當長的時間裡，為相當多人所信仰，但由於未經科學證明，所以不能視為真理。宗教信仰是否有真理存在，科學亦難以證明，到底鬼神存在與否？因為人是有思維的人，死後是有思想者轉變為無思維；不過經過「人創造鬼神」後結果如何科學難定。**請大家慎思《道德經》說：「天下萬物生於有。有生於無」，應怎樣去解釋呢？問題存在等待證實。不過「人創造鬼神」是永恆真理！**

羅素對宗教是個白痴。對宗教和非宗教爭論是鬼神，請看孔子說：「敬鬼神而遠之。」反映羅素他無知鬼神是什麼。根據老子《道德經》第六章：

「谷神不死。是謂元牝。元牝之門。是為天地根。綿綿若存。用之不勤。」

教導人們如何認識鬼神。無神論者像馬克思先生斷言沒有鬼神，而宗教家硬說鬼神真的存在。陳子敢說兩者均有道理，前者道理十足陳子認為較後者完善但仍認為有欠完善，所以認為應該如此說最完善：**「人創造鬼神！」**陳子裝蒜問到不少西方宗教徒：「地球上先有人還是有鬼神？」他們均不作答。這問題觸動了他們的神經。如果說鬼神先於人類到地球，誰告訴人此一事實？是鬼神，鬼神說給誰聽呢？誰將鬼神的名字傳下來呢？「無名天地之始」，當如何解釋此語呢？

老子《道德經》第四章云：

「道沖而用之。或不盈。淵兮。似萬物之宗。銼其銳。解其紛。和其光。同其塵。湛兮。似或存。吾不知誰之子。象帝之先。」

「吾不知誰之子。象帝之先」中，清楚告訴人們「**人創造鬼神**」。中國政治聖人亦説：「舉頭三尺有神靈！」，「**人創造鬼神」是永恆真理！**相信羅素無知此道理！暫時尚未有人能駁到此一道理。

羅素這種對待真理的態度，是實驗主義，乍看起來，是非常科學；但實質是將人的視野和思想活動縮細了，終於難免掉進主觀唯心的泥潭。這種自由主義思想，對本人來説是無限的自由和大胆，但對別人的關係來説，就狹隘而自私；結果使社會解體，人類走向自我毀滅的道路。所以陳子斷言：「資本主義的民主自由思想全屬人類同歸於盡！到底人怎樣才自由？天下獨有自己一人，才能找真正的完全自由。自由的盡頭是唯我獨尊，結果變成無人而獨尊！自由不能無邊無際！定然要有限制。不過有了限制不能稱絕對自由。」

老子認為道理分兩種，一種是「道可道」的真理，另一種是恆理；羅素所追求的是恆理，完全否定了「道可道」的階段性真理。**羅素是俗人頌賀的偉大哲學家，但陳子認為中國老子才是一個真正哲學家：前無古人，後無來者！**如果羅素説為了自由大家可以並存，如果非羅素的人一定把羅素等人殺掉，才感真正的自由。自由是滅絕人性。一條鎖匙橫直左右擺，兩條叮噹撞；羅素先生哲學永恆讚賞一條鎖匙的絕對無他的自由！

(2) 對待內在關係和外在關係的態度

他認為事物的外在關係和內在關係，兩者彼此並無關連的；羅素舉了一個不盡不實的例子：甲愛上乙，不能説乙亦愛

上甲，因為他們彼此，並未有本來固有的內在本質關係。陳子
按：事物既然一分為二是存在，何嘗不能合二為一的可能？
水由 H_2O 合成，試問如何找出其內外不相連的破綻？另亦反映
H_2O 間的關聯與結合是穩定的！

羅素的這個假設，是片面的；事物的內在和外在關係，並
非完全一樣的，彼此關係，因事物差異而差異；一般來說，同
一件事物的內外關係，較為密切而必然。水泥以粉狀存在，但
一見水，彼此結合難分，水泥的存在和結合足見分離是結合的
未來。也許事物由結合中分離，又由分離等待結合。因此事物
的結合或分離，完全決定於「道法自然」。

兩部獨立電話，似乎各自獨立而不見得有任何關係；但兩
者通起話來，彼此的內因關係和外因關係，很難說它們沒有內
在本質的關聯。**所以事物結合為分離，分離準備結合。事物的
分離與結合，完全是「道法自然」。**

精神是一種能量的表現，甲愛上乙，乙愛不愛上甲，相信
大家為之存疑問，誰也不敢說是單方面的事情。一廂情願和一
見鍾情，是同一類事情，但有兩個方面走了出來。分離與結合，
完全決定於事物的特性。

甲愛上乙，乙愛不愛甲，很難作單方的回答，因此，「不
能說乙亦愛上甲」這樣片面的判定，何嘗不可以否定說：「不
能說乙不愛上甲」如此的辯辭。總之甲愛乙，為相愛作了基礎，
誰也不能為彼此是合是離的揣測。一切揣測不能超脫「道法
自然」。兩件事物，各存結合和不結合的可能性，強調兩者
的對立或結合性均是錯誤的思維。

（3）衝動是不可抑制的自然本性

　　羅素認為，衝動是行為的動機原動力，是不可抑制的自然本性的表現。

　　這種可怕而片面的觀點，雖然不可以說它完全錯誤，但對人性的錯誤和犯罪，起了辯護的作用。衝動固然有其不可控制的一面，但亦存其可控制另一面。

　　老子認為人是可以經過「見真抱璞。少思寡欲」的煆煉，達到自我控制衝動的行為；而任何犯罪的行為，應當自負其咎。三字經有言：「人之初，性本善。性相近，習相遠。」性近習遠是認識事物存在與發展途徑。人性是可改造的！所以說「變」才是永恆。

　　將羅素三個問題拉在一起看，它們共同點是把可以向兩方面中任何一方面質疑和回應的問題，而只按自己的需要而質疑和回應。這種只按自己需要而不顧及另一方面可能性的做法，充分反映了其自由主義哲學的錯誤。這種錯誤的哲學觀，與其他西歐的哲學一樣，同出唯心主義一源。因此，自由主義哲學，即是唯心主義哲學。《道德經》是人類唯一正確永恆的哲學，它是一個照妖鏡，世界上什麼哲學是對是錯，用它去評核，實準無差。**《道德經》是唯能哲學，是永恆唯一正確的哲學。**

3. 羅素哲學的貢獻

　　總的說來，羅素哲學思想，是典型的自由主義，隸屬唯心主義範疇；但他能大胆地揭露了當時帝國主義的陰謀、醜惡和兇殘，以擺脫戰爭的威脅，同時還戳穿了西方宗教導人迷信，並阻礙了社會發展，這些都是羅素的偉大貢獻。

　　羅素先生哲學對人類是有貢獻的，批評他，不是為了貶斥他，而要使人認識他，將他的哲學思想汲取過來，去豐富老子哲學思想《道德經》。

　　羅素先生永垂不朽！是指他的哲學對人類有裨益的一面！

唯心主義隨時變　　道德永恆磐石堅

第二章

《道德經》的實用價值

第二章 《道德經》的實用價值

第一節 概述老子和《道德經》

老子在《道德經》第七十章嘆云：

「吾言甚易知。甚易行。天下莫能知。莫能行。言有宗。事有君。夫惟莫知。是以不我知。知我者希。則我貴矣。是以聖人。被褐懷玉。」

現代語是如此：

我說的話，非常容易明白，非常容易實行。但天下無人能明白，無人能推行。我說的話全是有根有據的，事事也有明確宗旨和目標。因為無人明白我說的話，也就無人理解我的主張。理解我主張的人那樣稀少，我並不氣餒和悲傷，相反，感到自己無比高貴。所以真正的聖人，好像一塊美玉，受着土布粗衣所懷裏，全不認為委屈而不高興。

這一章是研究《道德經》最根本、最有原則、最準確指導思想。

自從《道德經》這本微型百科全書面世以來，已經有二千五百多年的歷史；在此漫長的歲月中，為《道德經》五千言而進行介紹、闡述、詮疏的，平均每四個字，就有一本著作，連同翻譯為世界各種語言的，大概有六百七十多種。將全部印版的書籍集合起來，不知繞地球多少圈；然而，能夠透解老子和洞悉《道德經》的，曾幾何人？正因中國人無知《道德經》，為了表達自己有了不起天才，任意修改《道德經》和曲

解《道德經》，從《道德經》版本之多，改動之千瘡百孔造成中國歷史分久必合、合久必分。**陳子一再指責罪在董仲舒和歷代儒家，無知：「道主儒輔」國強家富永恆。**

以《道德經》第一句為例：「道可道。非常道」，「道」分兩個方面，一是道的普通性，一是道的特殊性，由此兩者組成。道是能量統稱，由社會性能量和自然性能量組成。社會性的道，可言傳的道；自然性的道，是指難於言傳的道。

無論古人抑或現代人，他們探討老子和《道德經》時，犯了同樣的錯誤；通通把「道」看作概念的虛體，並非實體，因此探討工作也就寸步難移，使《道德經》暗淡無光，百思莫解！

按《論語》整本內容，最為集中概括孔子思想的是 "克己復禮"；社會發展，思想再複雜，百家爭鳴是思想複雜最典型的反映，故孔子提克己復禮。孔子認為人們不克己所以產生「爭鳴」，制己即克己最能制止爭鳴，復禮更能使社會復原。孔子不明「道」，亦不反道。孔子確是一位名副其實的中國而世界的聖人，但亦是無知天道的聖人。老子精通天道人道，誰比較老子當然有所差別，但卻無人稱老子是唯一明「道」超級聖人。

「道」是宇宙能量的統稱，來自物質的發揮。它是大自然的實體，老子從「道」的自然規律，引悟到社會的規律，指導人類；以「萬物尊道貴德」為指南，建設和發展社會，振興中華拯救人類。天道是指自然規律，人道是指社會規律。加上客觀思維「**故常無欲以觀其妙。有欲以觀其竅**」，萬事迎刃而解。

《道德經》與中華民族共進退，中華民族與《道德經》

共興衰。不懂《道德經》的中國統治者，永遠不懂中華民族；不但不能振興中華民族，終於必然為殖民主義思想和宗教所瓦解，步巴比倫之後塵！連鎖全人類永遠失却幸福與和平。不過鄧小平的貓論唯能哲學思想將引動全人類公認老子《道德經》是共同和唯一的哲學經典，是全人類微型百科全書。

中華民族子孫，可拭目以鑑是與非！不過，中華民族永遠是全人類啟導民族，邁向大同。周朝有句「普天之下莫非后土」，后土即王土，王土是指人類永無投訴和紛爭而和諧的王土。

世界無寧日　無知道德經

（一）《史記》的記載

《史記》是一部歷史著作，作者是司馬遷。

漢朝司馬遷，出身掌握歷史資料的世家，並周遊列國歷史實地，進行考察與研究，務求客觀真實反映當時的歷史。他運用其天才獨特的審判能力，寫出《史記》這部前無古人的偉大歷史著作，為中華民族提供了豐富可靠的歷史資料，成為中國歷史學家考究和探索的根據與指南。因此，《史記》所記載有關孔子問禮於老子，應當無可置疑。

歷代尊儒學者，往往利用《史記》中某些個別詞語，去否定一大篇有關老子的記載；企圖將老子先於孔子的歷史定論顛倒過來，把老子踩在孔子腳下，達到儒家思想先於道家思想，中國百家思想因傳統多源自儒家。儒家洞悉人道，即社會規律；道家洞悉天道，即自然規律生活關注較少，但以此指導社會發

展規律。可惜世代儒家盲目以人道指導天道，導致分久必合、合久必分，扭曲社會發展，災難中國，在《史記·卷六十三·老子韓非列傳》中記載：

> 老子者，楚苦縣屬鄉曲仁里人也，姓李氏，名耳，字聃，周守藏室之史也。

> 孔子適周，將問禮於老子。老子曰：「子所言者，其人與骨皆已朽矣，獨其言在耳。且君子得其時則駕，不得其時則蓬累而行。吾聞之，良賈深藏若虛，君子盛德容貌若愚，去子之驕氣與多欲，態色與淫志，是皆無益於子之身。吾所以告子，若是而已。」孔子去，謂弟子曰：「鳥，吾知其能飛；魚，吾知其能游；獸，吾知其能走。走者可以為罔，游者可以為綸，飛者可以為矰。至於龍，吾不能知其乘風雲而上天。吾今日見其老子，其猶龍邪！」

> 老子修道德，其學以自隱無名為務，居周久之，見周之衰，乃遂去。至關，關令尹喜曰：「子將隱矣，彊為我著書。」於是老子乃著書上下篇，言道德之意五千餘言而去，莫知其所終。

太史公用樸素的語言及肯定的語調，記載了老子其人其事；完全看不出其值得懷疑之處。陳子向來抱另類研究和理解《道德經》觀點。整個中國知識分子抱儒家觀點去認讀《道德經》，每每因讀不通、解不透，則將《道德經》語句修改；所以《道德經》版本若天上繁星，使《道德經》成為不可解"天書"！豈不悲乎？

　　尊儒學者，把《史記》提供參考的傳說，作為否定老子的根據；觀點是完全錯誤的。有不少深究儒家學者，深知道家有不少遠勝儒家的偉大思想，日後必然否定儒，變成「道主儒輔」，儒家失掉聖座；因此唯恐道家天下不亂，像老子與老萊子的混淆！老子出生渦陽，長於鹿邑，因為渦與鹿之爭，置之一笑。不過中國學者為「絕聖棄智」無知解作："杜絕聖人，放棄智慧"，其實「絕聖」是指聖人無所不知全面通曉，對政務完全無需用「智」。倘若如此，對事情解決無不迎刃而解。老子比孔子大四十多歲，無聊學者將兩者扭為一人更是無知可笑。

　　　　或曰：老萊子亦楚人也，著書十五篇，言道
　　家之用，與孔子同時云。

　　《史記》在這段中，指出老萊子是楚人，而老子是楚苦縣人。**楚人與楚苦縣人，一個在湖北、一個在河南，有天淵之別；**還有，老萊子著書十五篇，而老子《道德（上下）篇》，這道德之意五千餘言，兩者所著之書亦不相同。司馬遷，通過出生地點和著書兩者不相同，說明老萊子並非老子，如果相信老萊子即是老子，那些人是很可笑的。司馬遷在取笑那些聽信傳說的人。

　　尊儒學者亦以《史記》記載老子年歲不肯定而以否定老子其人。

　　　　蓋老子百有六十餘歲人，或言二百餘歲，以
　　其修道而養壽也。

　　很明顯，司馬遷在這裡用的語句，對兩者說法均不表揚貶，相反，卻相信兩者亦有可能。《史記》寫作在老子去世後，對他出關後傳說不能不同時載入。

尊儒學者，更用太史儋即老子，去證明老子後於孔子。根據來自下面一段《史記》：

> 自孔子死之後百二十九年，而《史記》周太史儋見秦獻公曰：「始秦與周合，合五百歲而離，離七十歲而霸王者出焉。」或曰儋即老子，或曰非也，世莫知其然否。老子，隱君子也。

太史儋比孔子後一百二十九年，如果太史儋即老子，自然，老子要比孔後一百二十九年了。但司馬遷指出傳說太史儋即老子，有人說是，亦有人說非，是非莫知然否；不過，老子是隱君子，而太史儋並非隱君子。這反映和說明太史公最後還是支持太史儋並非老子的說法。

《史記》抱著肯定的語氣和字句去記載老子其人其事的真實性，亦將民間的傳說用不相信的口氣保留下來，以供評斷，以表作者客觀的寫作態度。有一點特別要提的，就是那些傳說在《史記》出現外，再未見其他著作有類似的記載。這是說明司馬遷的歷史觸覺已經到了最底層，並無足夠否定老子的傳聞；反過來說明孔子問禮於老子，是無可置疑的真實歷史。

儒家學者以浮泛的傳說，企圖去否定這相對比較為龐大的史實，說明了儒家的唯心主義歷史觀，同時反映了歷代儒家因不懂《道德經》而企圖通過否定老子來否定《道德經》；不然，堅貞尊孔的儒家有那個寫過一本較為出色的有關《道德經》的著作呢？答覆是沒有。儒家學者向來心浮氣燥，無心於尊師重道；挖空心思，順應無知統治者要求，將孔子根本樸素思想理論曲解。其實"克己復禮"，眼見春秋戰國亂說亂動的社會現象而提出。"克己"是要求人們冷靜客觀去思考認識百家爭鳴

的虛假社會現象，進入「大道廢。有仁義。智慧出。有大偽。六親不和有孝慈。國家昏亂有忠臣」的小農經濟時代。孔子企圖以《論語》思想去穩定時代。孔忙於奔命，説服諸國諸侯，但罔生其效，不懂：「化而欲作。吾將鎮之。以無名之樸。」；雖然道家學者勇於拯救時代，但無人洞悉《道德經》真諦。道是能量統稱，「道可道」分為兩個層面：一是社會層面，另一自然層面。「天下萬物生於有。有生於無」和「無有入於無間」的能量轉化原理更無人知曉，造成修改《道德經》千瘡百孔、無所適從。造成中國歷史分久必合、合久必分，是董仲舒的罪還是儒生的罪？「故常無欲以觀其妙。有欲以觀其竅」的學者，展開對儒批評討論。

陳子卻有另類觀點：也許儒學因董仲舒提倡儒術關係帶來"為目不為腹"的思維，崇儒貶道自然產生。

（二）老子和孔子的年歲與關係

老子大概比孔子大四十多歲，生於周定王十四年，即公元前593年，在周朝首都洛陽擔任圖書館館長。

老子生於渦陽，成長於鹿邑。渦陽太清宮，由譚兆先生出資、青松觀侯寶垣觀長督導，風水立向由陳子定線。是國家開放政策成績。

孔子生於周靈王二十一年，即公元前551年，在魯國成長。

魯國是周公旦的後代，與周朝關係最好，來往最為密切。孔子在青年時代，已經頗負盛名，為魯國士大夫所看重，其後

經常代表魯國出使到周朝首都洛陽。孔子藉着出使周朝的多次機會，拜會了老子。孔子問禮於老子，次數起碼超過三次。

老子於周敬王二十七年，即公元前 493 年，出關秦地。出關前寫下《道德經》，交予尹喜。此後，孔子再無向老子問禮的機會，當時孔子五十八歲。

孔子問禮於老子，如果不是史實，早為漢朝時代儒家批駁得體無完膚，無須由唐朝和清末民初的堅貞尊儒學者去做工夫！

《史記》作者是漢朝人，其記載最信實最可靠！歷經到今天，尚無人提充分根據批駁《史記》，應共承認《史記》所記載是實無虛。

《史記》是人類歷史學的鼻祖。由伏羲氏圖文八卦的面世，稱中國人是世界歷史文明的拓展者，應當之無愧。老子和孔子的智慧，是全人類科學文明探射燈，投射世界每一個角落，和人類思維每一個細胞。

（三）孔子第一次拜會老子

公元 527 年、周景王十八年，孔子二十四歲，代表魯國出使周朝洛陽，趁着這次機會兼且拜會老子。在《史記》中有這樣一段記載，傳頌千古：

> 孔子適周，將問禮於老子，老子曰：「子所言者，其人與骨已朽矣，獨其言在耳。且君子得其時則駕，不得其時則蓬累而行。吾聞之，良賈深藏若虛，君子盛德容貌若愚。去子之驕氣與多

欲、態色與淫志，是皆無益於子之身。吾所以告子，若是而已。」孔子去，謂弟子曰：「鳥，吾知其能飛；魚，吾知其能游；獸，吾知其能走。走者可以為罔，游者可以為綸，飛者可以為矰。至於龍，吾不知其乘風雲而上天。吾今日見老子，其猶龍邪！」

這番説話充分反映孔子誠衷敬佩老子，然而儒家仍然千方百計反道；完全可以斷定，反道背後必然有一種政治力量迫使或誘惑儒家反道。聯想儒家到漢朝董仲舒同樣受引誘或迫使崇儒反道。

老子頗為孔子誠懇所感動，因此相見如故、坦誠相待，指出他的缺點，勸他如何做人。老子這一番肺腑之言，孔子銘心難忘，敬老子如龍；將自己的感動，告訴與自己的弟子，永記老子如龍，永敬老子如龍，老子永是中華民族之龍。

可見孔子永不反道而揚儒。

《史記》這段記載，應實在無疑，不然，不可能在《莊子·外篇·天運第十四》第六節中，找到類似的記載。

孔子見老聃歸，三日不談。弟子問曰：「夫子見老聃，亦將何所規哉？」孔子曰：「吾乃今於是乎見龍！龍，合而成體，散而成章，乘乎雲氣而養乎陰陽，予口張而不能脅，予又何規老聃哉！」

莊子是戰國時代人，是《莊子》的著作者。《史記》是漢代的著作。兩者同樣有類似的記載，對孔子這次問禮是事實，應無可置疑。

莊子和司馬遷兩者記載的是相同一件事：司馬遷記載的比莊子詳盡，説明司馬遷本着歷史家公正之心，經反覆考究，而將老子的史實記入《史記》。

莊子是戰國（前 369－前 286 年）人，司馬遷是漢朝歷史學家；後者把前人的記載豐富，無疑是經過不滿足前人所説，而加以證實一番的過程。

孔子問禮老子，是真實的歷史，不應該有任何懷疑。

（四）孔子第二次拜會老子

公元前 519 年，周敬王登基，孔子代表魯國參加慶典，那年他只有三十二歲，藉此次到洛陽順便拜會老子。

《史記・卷四十七・孔子世家第十七》有這樣的記載：

> 魯南宮敬叔言魯君曰：「請與孔子適周。」魯君與之一乘車，兩馬，一豎子俱，適周問禮，蓋見老子云。辭去，而老子送之曰：「吾聞富貴者送人以財，仁人者送人以言。吾不能富貴，竊仁人之號，送子以言，曰：「聰明深察而近於死者，好議人者也。博辯廣大危及其身者，發人之惡者也。為人子者毋以有己，為人臣者毋以有己。」孔子自周反於魯，弟子稍益進焉。

孔子邁向不惑之年；老子已經到了七十多歲，可能已經退休，所以他説「吾不能富貴」，「送子以言」。從老子的勸言，可知孔子在此時期，學問已經大有成就，頗享盛名；他怕孔子鋒芒畢露，恃才不饒於人，誤了偉大前途。再從兩次問禮比較，

第一次是青年時期，第二次孔子已經到了壯年。從「孔子自周反於魯，弟子稍益進焉」中「稍益進」三個字，更證明孔子已經到了壯年時期。

（五）孔子第三次拜會老子

公元前 500 年，周敬王二十年，孔子五十一歲，趁再抵洛陽的機會，又去拜會老子。這次問禮，在《莊子·外篇·天運第十四》第五節中有如此的記載：

> 孔子行年五十有一而不聞道，乃南之沛見老聃。老聃曰：「子來乎？吾聞子，北方之賢者也，子亦得道乎？」孔子曰：「未得也。」⋯⋯其心以為不然者，天門弗開矣。

孔子過了知天命之年歲，尚未明道，這是真實的反映。在孔子的語錄中，始終未見孔子對天道發表過任何較深刻的言語，説明了此次問禮的真實性。孔子無知天道完全是事實，從《論語》的“敬鬼神而遠之”，反映其莫知「**人創造鬼神**」。其實天道是指自然運作規律。因孔子無知天道帶來他的言語和著作與天道不符而遭打倒孔家店。

（六）孔子問禮於老聃不少於四至五次

根據古籍的記載去推斷，孔子問禮於老聃，應不少於四至五次之多。在《史記》中有兩次、在《莊子》中有七次、在《禮記》中有四次、在《呂氏春秋》中和《孔子家禮》中亦有提孔

子問禮老聃一事。俗云，事不過三，孔子問禮於聃，宇宙內中國人不應再懷疑，爭論是次數問題。

在這裡特別要提的，《禮記》是漢代成書的儒家著作，集夏商周戰國秦代各時期之禮節而成書，幾乎取代了《禮經》的地位。在《禮記・曾子問》中有一段話記載孔子問禮老聃是確實可信的，但可惜無法確定其時間，錄下以供參考：

> 孔子曰：「吾聞諸老聃曰：昔者魯公伯禽有為為之也，今以三年之喪，從其利者，吾弗知也。」

這段意思很似《道德經》第六十九章的內容：

> 「用兵有言。吾不敢為主。而為客。不敢進寸而退尺……故抗兵相加。哀者勝之。」

兩者用兵觀點，很有近似之處；說明《禮記》的記載，並非道聽途說、並非晚輩儒家，故意將自己前輩儒家，踩在老聃之下。其實無數儒家欽佩道家老子；但因儒家投合統治者，而讚同道家者噤若寒蟬！「五四運動」打倒孔家店，是中國社會長期反儒的積怨總爆發！敬請中國學者關注此問題，並以討論和批評。

儒家主宰中國二千五百多年，導致中國歷史分久必合，合久必分，摧殘中國文明而停滯不前反覆；「五四運動」打倒孔家店，預兆一次學界大災劫降臨！

（七）老子出關

周朝到了敬王時代，國勢日衰，諸侯紛爭更趨劇烈。周天

子的地位，名存實亡；貢糧貢錢日少，生活日更困難。

大概在周敬王二十七年，即公元前 493 年，老子年歲近百，而常懷念西周的發祥地，「見周之衰，乃遂去。」老子出關時為秦惠公九年。

老子到了函谷關，關令官尹喜請求他「著書上下篇，言道德之意五千餘言而去。」

函谷關外，是文化、經濟、政治較中原為落後的秦地。自老子進入秦地後，將《道德經》思想播種、孕育了先進的思想，出現了秦朝、漢朝、唐代等偉大的朝代，它們都建都於秦地。漢唐的強盛無人不知，其興衰的原因是什麼，有誰探討追究？**雖然羅貫中在《三國演義》開首說：「天下大勢，分久必合，合久必分」，然而並未指出「道」和「儒」兩家思想交替造成。如果有能知者，定然是「道主儒輔」主張！它是長治久安永遠富強的主張。**

老子到了關外對關外的啟蒙，並由絲綢之路這一啟蒙西歐文化的韌帶送到西歐，使西歐出現文藝復興這完全是事實；可惜有人憑着此一主觀願望，而在晉朝時代，假託老子之名而寫出了一本《化胡經》，結果帶來元朝憲宗六年，公元 1256 年，道教遭受焚經大劫，中了統治者削貶道教之陰謀詭計。君無福享不長，雖有岳飛精忠報國、宋朝半部《論語》治天下，為宋皇朝帶來迴光返照，一派夕陽無限好，黃昏將厚顏無恥殺忠謀位的高宗送上斷頭台。南宋將江山拱奉蒙古人。

任何形形色色的封建思想和迷信落後的宗教，永遠是道家思想的死敵；中華民族要保持清醒的頭腦！《道德經》是人類百科全書，望炎黃世代聖人能洞悉《道德經》開章篇「道可

道。非常道。名可名。非常名。」繼而洞悉「天之道。利而不害。聖人之道。為而不爭」，中華民族也就自然而然萬世無衰。

孔子問禮於老聃，應是歷史定案；無須再去爭論，浪費精力和時間。

偉大鄧小平先生，洞悉《道德經》，在針插不進、水潑不入的政治時代裡用「白貓黑貓」的鄧小平理論取消階級論推廣中國特色社會主義，以香港特區一國兩制繼拯救中國而拯救世界。習聖人以一帶一路人類共同體而中華復興；實現「普天之下莫非王土」。王土是指無怨無爭的和平大同世界。

《道德經》永遠是全人類永恆完善天書，凝聚全人類邁向世界大同。

第二節　《道德經》簡介

　　《道德經》是一部包羅萬有的世界微型百科神奇經典著作。它能隨着讀者年齡、職業、性別、心情、處境、需求而給予不同的滿足。它概納哲學、政治、邏輯、道學、軍事、生物、倫理、天文、物理等各種內容。從它面世一開始，無須經任何修改，一直高踞世界哲學領導地位的寶座；然而，歷代封建帝王，為了維護自己世襲的王位，不惜運用外國輸入的古印度宗教，將它污染、掩蓋、歪曲，使廣大學者把它視為神秘、虛幻，而不切實際的書籍。它儘管在漢、唐曾經發揮了偉大的效能，為中華民族樹立豐功偉績；但在其後的歲月裡，却寂寂無聞，尤其是十九世紀之後。全世界人類的眼睛，都一齊凝呆注視着西方的哲學，觀賞它們的代言人在台上赤膊對陣的表演，得意忘形而無知其禍，任由它們蹂躪世界蒼生，中華民族亦不能幸免其禍。到了二十世紀末，多謝一位當代世界最偉大的中國哲學家的糾正，才露出一線生機。「不管白貓黑貓，捉到老鼠就是好貓。」表面看去是很簡單的哲學理論，但蘊藏着偉大唯能哲學思想，將一個水潑不進、針插不入的社會改變，此位哲學家救了中國並且救了世界。

　　《道德經》分上下兩篇。上篇是道篇，下篇為德篇，共八十一章，合雙九之數，大約共五千二百多字，漢朝時稱《道德五千言》。

　　中國不少歷史學家，以耳代目，在一本《中國通史》中，公然妄斷：

　　　　《道德五千言》，確是戰國時期的著作。

還在《中國通史》中有一節這樣寫「老子與莊周」的：

　　《史記・老子列傳》列舉若干荒誕不可通的說法以後，用『誰也不知道對不對』一句話把那些不可通的說法都否定了。

　　這位老先生作古了，可能被司馬遷罵得跪地求饒，指責他不認真讀他的《史記》而妄言。像如此＂歷史學家＂數不勝數，因他們不學無術、胡説八道，誤己誤中國人！

　　大家回讀上面的《史記》摘錄，就清楚這位老先生的可笑了，未讀過《史記》就妄評；尤其西方宗教傳入後，多了不少居心叵測的人。

　　為了論證《道德經》確實並非戰國時期的作品，而是東周時代老子的著作，比《論語》成書為早，在時間上相差很遠，從下面幾個方面，可以找到根據。

　　為了説明《道德經》寫作年代，從下面五個問題五個方面論述説明：

（一）《道德經》的寫作年代

　　在上文已經詳盡地論述了老子先於孔子，這問題已成定論，用不着再花時間；然而，却有人説《道德經》成書在戰國時期，《論語》比它較早成書。其實此論調，不值一駁，因為《史記》已經用肯定的詞語説老子寫《道德五千言》。

　　西周興起於今天的陝西，懿王遷都槐里，它仍未出今天陝西地界。西周由公元前 1046 年開始至公元前 771 年結束；其後，平王被迫遷都洛陽，在今河南，歷史稱為東周。

老子從史冊中清楚了解西周社會經濟的繁榮，和政治的昇平；因此，提出一套道治思想，想重整東周社會，回到西周的景況。

《道德經》是老子的政治理想。老子在《道德經》中第十八章，對當時東周社會有這樣的描述：

「大道廢。有仁義。智慧出。有大偽。六親不和有孝慈。國家昏亂有忠臣。」

老子認為東周社會，過去那種純樸和道治社會條件已經被破壞，爾虞我詐取代了純樸的風氣，周朝天子的號召力已經蕩然無存。面對如此的局面，仁義和忠臣已經到了必然提倡的地步；因此孔子面對東周這樣的社會情況，積極提出仁義和忠孝治國的主張。將老子思想和孔子的主張進行比較，孔子的主張是老子意料中事。這足以看出：老子思想在先，孔子的主張在後。換句話說，**《道德經》思想先於《論語》的主張。從此簡單比較反映了「老先孔後」是無容爭論。**

老子這一章《道德經》，寫出了《論語》思想出現的時代背景；整本《論語》的內容，全為此一章所概括。孔子是根據此章而提出他的主張的。

《道德經》，體現社會由安定走向動亂而提出重整的思想；《論語》則不然，是反映一個社會走向崩潰，而它提出急需維持和約制的主張。前者是重整和回復的願望，而後者是制止和維繫的做法。

《道德經》是用作者口氣寫的，體現老子本人所寫；而《論語》用語錄體寫，由第三者整理，所以說《道德經》成書早過《論語》，應無爭議。

　　《道德經》寫於公元前 493 年，即周敬王二十七年，老子出關前的著作；那時孔子才五十八歲，《論語》當然尚未成為思想完善的書，因孔子七十二歲才去世。孔子仍在生，志未盡，豈能斷結其書言？

　　老子在孔子《論語》成書前已經能概括孔子思想，反映見地神人！《道德經》成書早於《論語》完全事實。

（二）比較《詩經》和《道德經》的章法與句式

　　《詩經》是世界上罕有的一部集體創作的文藝作品。大致分為國風、周頌、大雅、小雅、魯頌、商頌等六部分。收集了西周、東周、春秋，由公元前十一世紀至公元前六世紀，各朝代的詩歌作品，長經五百多年的歷史；充分反映了當時中國廣大地區各階層的生活，以及經濟與政治活動的情況。反映中國是當時唯一大國！開拓人類文明。

　　西周至東周初期，詩歌在篇章上並不要求整齊，其後才發展趨向定型。在句式方面，初期以四言為主，間中亦有少數句子是二言和三言，但長者甚至八言；但到了春秋後期，却以五言和七言為主，語句遠較初期為華瑰美麗。

　　在《道德經》中，使用三言和四言以至五言的句子，琳瑯滿目、舉頁皆是，頗為相近《詩經》。如果把兩者混合刊印，能辨別彼此的人，相信不會很多。

　　《詩經》和《道德經》使用第一人稱表達的非常多，可見寫作方法上有近似的地方。

　　在《道德經》中，亦有好些句子和詞語，近似後期的《詩

經》。這並不能說它是戰國時期的作品，是由於中國幅員太大、戰爭連綿、人口流動，書籍使用笨重的竹簡，搬運困難，要依靠人的記憶去保存所造成；出現各種大同小異的版本，加入時代和地區的詞語，也就在所難免。

《道德經》成書，要比《論語》早得多；完全可以肯定，《道德經》絕對不是戰國時代的著作。

《詩經》可作有力的見證者，叫大家用不著懷疑！

老子總結圖文八卦和周易人類頂尖科學至理，而孔子《論語》，僅是社會倫理，前者天書，後者人書，所以《道德經》是全人類唯一總哲學經典。

（三）比較《易經》和《道德經》

《易經》即《周易》，是公元前 1062 年之前的著作，據說由周文王所演定，比《道德經》成書早了五百六十九年。完全可以斷言，沒有西周的《易經》，絕對不可能有《道德經》的出現。**《易經》好比是個成熟甜美的蟠桃，《道德經》是蟠桃的果汁。**先有果後才有汁是完全可信的公理。

在《易經》中，文王演定時，寫了卦辭；其後，大概克商後，由周公為它加上象辭；到了春秋時期，孔子給它添上象辭。

文王的卦辭和周公的象辭，相似有若父子，但孔子所寫的象辭，與之相比，也就相距十幾代的裔孫；反為《道德經》的詞語，較似文王和周公所寫的語句。《道德經》成書，完全可以相信比孔子的象辭撰寫為早，那麼，由孔子學生集體記述的《論語》比老子的《道德經》肯定要推後很遠的時間。

由《道德經》與《易經》的比較，更說明《道德經》絕對不是戰國時期的著作，肯定比《論語》早得多。

《道德經》成書比孔子的彖辭早，當然早過《論語》，絕不會在戰國時候成書。

（四）比較《道德經》和《論語》的內容

《道德經》是一部哲學經典，《論語》只是一部社會倫理著作。前者是海洋，浩瀚無邊；後者是湖泊而已，雖有湯湯之水，亦不能極目無邊。連鎖孔子真要問禮老子。

在《道德經》八十一章中的第十八章，已經將整部《論語》概括，所以在孔子的《論語》中，看不見「道可道。非常道。名可名。非常名。無名天地之始。有名萬物之母」的道理的跡影。

老子因任圖書館館長之利，博覽群書、精通古籍，嫻熟《周易》，微觀宇宙天文，洞悉東周社會，將其全部融滙貫通；本着萬物「尊道而貴德」的精神，提出一套完整的哲學思想，想藉以重整東周的社會，回復西周時代的盛況。

眼見東周局勢，崩潰無可避免，但很想了解西周發祥的關外，為什麼能以一個小國興起，終於戰勝強大的商朝。**這有力證明《道德經》哲理發揮為周所以而戰勝商。**

老子出關入秦後二百七十二年，秦始皇統一了六國，建立強大的秦國；其後強大的道治國家漢、唐兩代，亦在秦地興起，為中國歷史創立豐功偉績。是否與老子思想散播秦地有關呢？這要靠歷史學家去考證完成；不過，完全可肯定如此無疑。

　　孔子比老子年輕四十多歲，眼見東周社會走向崩潰，為了救世，提出仁義忠孝的思想；整部《論語》的內容，作了有力的佐證，全面反映了孔子當時的思想。

　　《道德經》是一部完整的哲學經典，為重整東周社會回復西周盛世而由老子所提出；而《論語》是一部社會倫理思想，是孔子眼見東周社會崩潰提出拯救的主張。前者着重於重整和回復的根治，後者着眼拯救和匡扶的治標；兩種思想對時代背景感受各有不同，因此可以看出《道德經》思想先於《論語》的主張。

　　老子是中華民族的靠山，而孔子是中華民族的支柱。中華民族之所以歷劫猶存，不像其他文明古國，無不步巴比倫的後塵，**因為《道德經》和《論語》發揮了偉大的效能。中國四大文明古國中一枝獨秀！因此陳子完全有膽量提「道主儒輔」是令中華民族萬古長存。**

　　《道德經》是鎮世之寶，而《論語》是治國化民之書；前者是宇宙的太陽，後者是人間的月亮，兩者永遠照耀宇宙和人間！**「道主儒輔」更是陰陽調和永遠不敗不衰。**

（五）在研究《道德經》的過程中長期存在的問題

　　《道德經》成書面世，已經有二千五百多年了；在此漫長的歲月，能理解和掌握它的真諦者可有幾人呢？尤其是不少儒學家唯恐天下不亂，亂點亂圈亂加亂添語句，全屬儒家學者「豐功偉"孽"」。

　　歷代學者，本着時代的興趣和需要，進行剽割與顛倒字

句；信口雌黃、斷章取義，把它幾乎變成一部廢書。若此詭計得逞，《論語》可長命富貴，害得中華民族分久必合、合久必分！孔子無心，但學生有惡意而居心。

　　下面把存在的主要問題列供參考、思索和批評，也許能幫助中國人理解《道德經》並愛護《道德經》，對《道德經》熱愛與富強成正比。《道德經》萬歲！中華民族萬世無衰。誰能按原本讀經解字功勞最為偉大。

　　本人由 1986 年醉心研究《道德經》，認為它是世界上唯一科學哲學，其外絕無任何一家可稱科學哲學。但發現中國學者欠缺科學頭腦，因亂竄改《道德經》，變成一本更不可理解的科學哲學暴殄天物。下面是本人提出三點意見怎樣去恢復它成國寶的途徑：

1. 研究《道德經》學者無知「道」是什麼

　　雖然，《道德經》的每四個字就有一部為它而寫的著作，但無人能把「道」看作是能量的統稱，它是來自物質的發揮。因此，把它越解越玄，使人無法捉摸它的實質；結果將首部世界最完善最全面的科學哲學經典，淪為只是修道人士使用的書籍，把中華民族超時代和科學先進思想埋沒。當然，罪魁禍首，是歷代的封建統治者。但文人和學者，亦難辭其咎；因為他們總是世代因循、以訛傳訛、沽名釣譽，**無知《道德經》是永恆救中國和世界的唯一哲學經典。生時不懂《道德經》，死後何顏見炎黃？**這班人全不如此考慮問題。

　　是以，要想研究《道德經》取得新的突破，必須一改舊的觀點，把「道」的概念共識為能量的統稱，它是來自物質的發

揮；「道」是一種特殊的物質，若能從此觀點去探索，也就不難走進「眾妙之門」，開展嶄新的研究方向。宋明理學的唯物主義和唯心主義，尤其是西傳築成兩座大山，誰是愚公？當然是中華民族！鄧小平貓論、習聖人的一帶一路是開山機，加上中國人愚公精神，前路光明一片，是全人類大同的啟導者。

2. 錯誤從深奧的角度去解《道德經》

老子早已向讀者提醒：

「吾言甚易知。甚易行。天下莫能知。莫能行。言有宗。事有君。夫惟莫知。是以不我知。知我者希。則我貴矣。是以聖人。被褐懷玉。」

然而，學者們全不理會老子的勸告，主觀地以為，越能把《道德經》解得深奧而玄之又玄，表示自己越有學問，以此作為炫耀。《道德經》就因此，幾乎給"深奧"的炫耀埋葬了。有文人將第一章「元之又元」改作"玄之又玄"，意思將《道德經》由黑暗更深入黑暗，永遠無天無日；促使中華民族永遠沉淪為受災難於人，永遠為奴。

「吾言甚易知」是解《道德經》的金科玉律，由頭至尾也得遵守，絕對不可動搖退縮；不然，也就自我庸人。

《道德經》的內容，淺而易明，切勿將它推入深奧不可知的深淵！

以「道可道。非常道」為例：「道可道」是指社會的道，其道輕而易舉說明說清；「非常道」是指自然層面的道，是能量運作的道。

3. 中國學者和道教人士存有距離

自東漢道教有規模成立後，將《道德經》定為五千言，似乎再不可添再不可減。這種做法，自然與學者發生矛盾。宗教一成不變，學者可將《道德經》字句七十二變：一是不變一是千變萬化，造成《道德經》更深奧不可解的分歧。

站在學者來說，每當發現不同的《道德經》版本，如獲至寶，將之論證一番。為了誰真誰假的問題，惹起道教人士的反感；道教人士越反感，《道德經》學者更趾高氣揚，兩者越成水火。偉大傑出道教人士香港青松觀侯寶垣觀長眼光獨到，出錢出力，組織「**香港道教學院**」，將學者與道教人士重新作復興道教和發揚《道德經》。**陳子為侯寶垣觀長撰寫一對聯：**

寶至黃龍登勝境　垣興道教顯中華

此聯懸廣東博羅縣羅浮山黃龍觀。

道教人士也存有一個習慣性的弱點，因為道教書籍要擴展其種類，抗拒外來宗教對本民族的侵蝕，將好些書籍偽托古人所作；最有代表性是《化胡經》，帶來元朝焚燒道經之災。

《道德經》是科學哲學經典，張道陵立教首尊《道德經》為聖經；**張道陵所以敢以自己手上的劍指導鬼神，他洞悉「人創造鬼神」**。陳子以《道德經》「*無名天地之始。有名萬物之母*」説人早於神到地球，侯寶垣觀長同意道祖和張道陵是由人上升為神。「人創造鬼神」是永恆真理，督導整個人類宗教成為服務人類宗教。**尤其是中國道教要洗心革面恢復張道陵**

指示──「人創造鬼神」。

　　中國學者除了《道德經》的版本爭論而延展到內容的爭論外，最為道教人士反感的，是考證某些書籍來自偽託。這樣或多或少被認為存有醜化道教的傾向，尤其提供尊儒學者從中諸多貶斥老子，提高《論語》的地位，更認為彼等是一丘之貉，加深了中國學者與道教人士的成見，以至製造道家學者與道教人士存有界溝。彼等相爭，有如蚌鷸，外來宗教和封建統治者拍手叫好。其實，此一界溝必須填平，不然，就有損害民族振興事業。**香港青松觀侯寶垣觀長是二十世紀唯一振興道教者，接受陳子規勸重建黃龍觀，並鼓勵陳子以「人創造鬼神」觀宏揚中華民族道教。陳子唯命是聽，終生奉行《道德經》，研究《道德經》：**

但願誠心寫道德　　何須着意做神仙

　　道家學者不知是裝蒜，抑或真正無知實況。中國幅員廣濶、禍亂時生，無數珍貴文物，何況書簡，損於戰火。事後整理，靠記憶重演而刻記，錯字漏句，在所難免；因此《道德經》有各版本，絕非奇事。而學者却以此為標奇立異，作為炫耀，將「吾言甚易知」變成"吾言極難知"；所以學者與道教人士矛盾，並非單方面所造成。儘管道教人士無知現象離亂的可怕，但陳子知聖人為時代提倡「道主儒輔」，道教將如雨後春筍。

　　1973年12月長沙馬王堆三號漢墓出土之《道德經》帛書，在甲本和乙本中，共為一家所藏尚且存有大同小異；如果地域

不同，相差肯定更遠。不過馬王堆出土救了不少專家學者，研究馬王堆成了專家學者文化革命避難所；預兆**道教是中華民族宗教，「道主儒輔」必是民族國家春雷**。

道主儒輔　民族永存

為了振興中華民族，學者和道教人士應當共捐前嫌，衷誠合作相容，齊步邁前！道教是中華民族的民族宗教，謹尊《道德經》為聖經，以「人創造鬼神」科學觀點弘揚道教。道教不僅是中國民族宗教，並成為世界宗教典範，共遵「人創造鬼神」科學觀。

道教人士大可放心，任由學者怎樣去考究，《道德經》總是安如磐石，絕對不會垮下來。**《道德經》是一塊真金，無懼時代政治怎樣無情衝擊，它始終是一把火炬，將民族從災難引出生天。《道德經》興國家民族必興。習聖人是啟導者，普天之下莫非王土的時候必然到來。**

學者，好應當站在民族立場，而不是站在自己虛榮立場，吹毛求疵。「道主儒輔」是中國政治、宗教、文化、經濟總指導思想，永恆興盛無衰。「道主儒輔」的內涵：道學《道德經》為主體總指揮，儒家取其對社會有利理論維護性推行《道德經》科學理論。兩者永恆正確結合，成為啟導人類共邁大同的軌道。坐在此列車上的中國人，全是精通自然規律和社會規律的精英，以「**故常無欲以觀其妙。有欲以觀其竅**」的明確思維指導和決斷整個行程，也就永無失誤中國人世代「完整理想的科學目標」。

　　這一「《道德經》唯能科學發展觀」，永恆唯新無舊無衰
前進！

第三節 怎樣正確探討《道德經》

《道德經》是一部永恆內容超時代，而語句顯淺易明的世界唯一科學哲學經典。

為了能將《道德經》的內容掌握，提供一些意見作為參考與接受批評。

由 1986 年起，陳子醉心研究《道德經》；深信《道德經》是全人類唯一科學哲學經典。尤其是它的解決「有餘」與「不足」觀點，永恆解決人類貧窮社會問題；《道德經》是永恆救人類、救宇宙哲學經典。

（一）要顧及整部《道德經》的完整性

《道德經》八十一章，合雙九而成；好像八十一顆不同光彩的寶石串連起來，璀璨光輝相映，內在相通無痕、外在統一無間。誰若斷章取義，探討必然謬誤無成；並按自己無知的誤解，誤導眾生。且看《道德經》，版本蕪存，眾生興嘆！

第一章的內容是整部《道德經》的總綱，第八十一章是整部內容的總結；在此一頭一尾兩章之間，有一根明顯的紅線，串連其餘七十九章。

「道可道。非常道。名可名。非常名。」足見海洋洶湧；末章「天之道。利而不害。聖人之道。為而不爭。」像碧海岸入無波，令人世事盡明，見事心有成竹、萬難低頭。所以陳子推薦：晨早當思謀生計，閑時應讀《道德經》。

要理解整部《道德經》，首先必須掌握第一章，踏進了此

書之門檻；不然，也就徒勞無功。皓首窮經，但得**"玄之又玄"**而並非「元之又元」，而無人能進「眾妙之門」。

宇宙萬事萬物，繁複難料、千變萬化；但概而言之，從抽象的角度説，只分為兩組：一組是永恆的「道」和「名」，另一組是普通可改變的道理和名稱。這種客觀與主觀交織思想方法，首先運用和認識永恆使用者，唯我老聃！似乎在西方尚未有如此卓越的哲學家；所以中國人是人類文明的拓展者，世界未來的啟導者。

要找出此兩者的關係，必須運用下面此一科學的哲學思維方法：

「故常無欲以觀其妙。有欲以觀其竅。」

這是《道德經》第一章內一句話，亦是打開全人類科學哲理的一把鎖匙。

妙，是宇宙萬事萬物的變化現象；竅，是它們的變化規律。變化現象，雖然瞬息萬變，但它們彼此之間，是相互聯繫和約制的，可從中找到它們的規律。在找尋變化的規律時，首先要客觀無為；但跟着又必須交織着主觀有為的分析與判斷，兩者循環往返地進行。倘若人能如此永恆，他必是天下偉大的人。在孔聖的《論語》尚未到如此的語句，所以孔子説：「敬鬼神而遠之。」標誌孔子思維不完善，送給中國人害多利少無知哲理「道」的自然規律。

人倘若能夠時刻做到客觀無為與主觀有為交替靈活恰當運用，也就進入「眾妙之門」了。**鄧小平的「白貓黑貓論」是徹底的唯能論，洞悉老子《道德經》。習聖人的世界人類共同體，對老子《道德經》的洞悉程度更顯驚人！中國必然永盛無**

衰。

運用此一思維方法去研究探討其後七十九章，會發現他們像一條溪流，共同流入第八十一章這個盡頭的湖，然後又回環到第一章的源流循環不息。對《道德經》的理解和認識必須由第一章第一字「道」，到八十一章「不爭」二字。《道德經》的偉大核心是「不爭」。戰無不勝。在《道德經》第六十六章云：

「江海所以為百谷王者。以其善下之。故所為百谷王。是以欲上民。必以言下之。欲先民。必以身後之。是以聖人處上。而民不重。處前。而民不害。是以天下樂。推之不厭。以其不爭。故天下。莫能與之爭。」

道，之所以無所不包，戰無不勝，核心是「不爭」。

是以，《道德經》，九九八十一章，生生不息，長生久視而永恆！

從《道德經》整體去理解其內容，必然可以掌握《道德經》。人類倘若能如此，永恆由拓展人類文明的中國率先啟導人類邁向大同。偉大中國人，您們是全人類上人，要竭盡所能，永恆堅持以德報怨，貢獻全人類。習聖人一帶一路，是《道德經》面世二千五百年後又嶄新開始！

（二）按章的內容統一性探討各章的內容

不少學者主觀臆測改字刪句，或增字調換語句，把《道德經》弄得像舞台上的小丑，楚楚可憐、不知所謂。這股歪風，把《道德經》編排和語句以及字句增減弄得複雜難明，將第

七十章改成：「吾言甚"難"知，甚"難"行，天下莫能知，莫能行。」

且再舉第五章為例，希望可得其餘三隅之反。

「天地不仁。以萬物為芻狗。聖人不仁。以百姓為芻狗。天地之間。其猶橐籥乎。虛而不屈。動而愈出。多言數窮。不如守中。」

這是千古莫解的一章。他們都把「不仁」和「屈」字句亂臆亂測，也就出現五花八門的胡解亂釋了。

其實這章整個中心意思是論「動」，討論如何「動得恰當」。

「不仁」擺在天地之下解「失掉常規」，擺在聖人之下解釋為「失掉常性」；句中的「屈」字解釋為「缺點」；最後句末的「中」字，解釋為「恰當的位置」。

語譯如下：

天地失掉常規，把萬物當作祭祀用過的芻狗，隨意蹂躪；統治者失却常性，把百姓看作祭祀用過的芻狗，任意擺佈他們的命運。宇宙雖然廣漠無邊，但它好像一個鼓風箱，回拉時，看不出它有洩氣缺點，不停鼓動它時，氣流源源不盡。因此，做人切勿亂動多言，招來自取其禍，而要時刻守着恰當的位置處事。

此章開始在講「動」，末句也在說「動」，整篇內容全在討論「動得恰當」的問題。

按章的統一性探討整章內容，是一把重要的鎖匙。

為了使讀者了解青紅皂白，摘選列舉第五章名家譯文如下：

「天地無所偏愛任憑萬物自然生長；聖人無所偏愛任憑百姓自己發展，天地之間，豈不像風箱嗎？空虛但不窮竭，發動起來而生生不息。政令煩苛反而加速敗亡，不如持守虛靜。」

讀者把兩者拼在一起比較，也就不難找到對《道德經》應如何理解認識研究的途徑。

（三）要引用《道德經》解釋《道德經》

解釋《道德經》時，要融會貫通全書八十一章，用《道德經》去解釋《道德經》。試以四十七章為例：

「不出戶。知天下。不窺牖。見天道。其出彌遠。其知彌少。是以聖人。不行而知。不見而名。不為而成。」

人類豈能有如此高超的智慧嗎？如果讀了第十五章，也就深信不疑了。

「古之善為士者。微妙元通。深不可識。」

第十五章的「善為士者。微妙元通。深不可識」在第四十七章概述「善為士者」的本領。

知識來自艱苦的學習。如果一個人的知識到了如此境界，有什麼東西，還不知道呢？

原來知識要不斷將之用到現實中去磨煉，才可到達無不為的聖境。

第四十八章云：

「為學日益。為道日損。損之又損。以至於無為。無為。則無不為之矣。」

到底要怎樣去磨煉自己的知識呢？第一章不是要求人們運

用哲學思維去認識萬事萬物的規律嗎？萬事萬物的規律都掌握了，「不出戶。知天下。不窺牖。見天道」絕非是不可能的事情。這說明，要洞悉《道德經》，必須時刻要顧及整部《道德經》的完整性。只要能夠把人類智慧高度發揮和磨煉，肯定會有超異的表現，奇蹟會層出不窮。

　　上面所提三點，大家可以試用作探討《道德經》的三把鎖匙，檢驗其是否能夠打開《道德經》此一豐富知識的寶藏！

　　比方《道德經》第一章內：「故常無欲以觀其妙。有欲以觀其竅」，你碰上任何問題，首先虛心冷靜觀察四周有關事物，然後在事物間找到其中彼此有連系的關係；總結整個彼此關係而找到其中共同點，事情也就迎刃而解。

　　觀迎任何人萬試萬靈。實踐是檢驗真理唯一標準。

第四節　《道德經》哲學原則和實用價值

在二千五百年的歷程中，研究《道德經》的學者，大大小小，成名與不成名的人數，相信不下億萬個；為《道德經》而寫文章和立書的論著，可說汗牛充棟，可惜未能把學習《道德經》掀起一個熱潮，更未能把老子推到最崇高的世界哲學地位；問題的癥結，在於未能找出《道德經》的哲學原則及其實用價值。

陳子出身寒微，祖輩拾村中富戶遺棄生水芋頭批選再煮而食用。道聽途説馬列主義的偉大，苦志追求解決社會貧窮問題。考入高校讀了三個月馬列主義而深悉馬列主義未能徹底解決社會貧窮問題。後旅英十年，在西方資本主義王國亦找不到徹底解決社會貧窮的方法。1986 年在粉嶺蓬瀛仙館接觸老子《道德經》在第七十七章見「**孰能以有餘奉天下。惟有道者。**」自此深究《道德經》。立志**「但願誠心寫道德，何須着意做神仙？」**終心奉獻《道德經》鑽研，在《道德經》中找到徹底解決社會貧窮的途徑。

下面從七個方面進行探討。這是一件方興未艾的事情，希望海內外政治家、思想家、哲學家，以及關心中華民族命運的學者，如蝗的指導和批評，使全人類和中華民族一樣永遠擺脫錯誤哲學的引誘困惑而不被捲入災難的漩渦。

正確的哲學，是人類幸福的源泉。

《道德經》是全人類唯一科學唯能哲學經典，全人類唯一來自物質發揮聖經。

為了闡述《道德經》哲學原則和實用價值，下分七點進行

論述，使讀者更清楚了解其原則和價值。倘若中國人能牢牢掌握《道德經》的哲學原則和實用價值，人們自然而然，洞悉第四十七章所言確實無假。其七點哲學原則和實用價值是：（一）道是能量的統稱；（二）道是能量統稱主宰宇宙的一切；（三）天道和人道的相互關係；（四）事物必然存在兩面性；（五）事物的絕對性與相對性及其關係；（六）宇宙萬事萬物先質變而後量變；（七）人是宇宙萬事萬物的主管。

　　中國青年掌握此七大哲學原則和實用價值，自然而然承認和敬佩《道德經》確是宇宙人類天書，世代承傳，宇宙人類不得不承認中國是人類文明拓展者，亦是人類大同世界的啟導者。

（一）道是能量的統稱

1. 道的概念

　　老子的道，包含兩個方面：一是自然的道，另一方面是社會的道；換句話說，前者指天道，後者指人道。人道是來自天道之領悟和轉化。很明顯，老子要說的道，實質是能量的統稱。《道德經》五千言，八十一章，每一章每一字盡言天道與人道。人類應如何領悟天道而督導人道。人類謹尊「**道法自然**」，與天地同壽，快樂人生。

　　「道」這個名詞，在文字學方面說，包涵非常廣泛：道理、原理、方法、途徑、方針、規律、分量、程度、情理、運動等等，有數之而不盡，說極而不完的內容。所以「**天下萬物生於有**」"有"者，「**道**」之謂也；「**有生於無**」，萬物起源於「道」。

「道」是"有"，「道」生"有"後，"有"擴展為萬事萬物。**所以以能量主宰一切。自然能量全無思維，「人創造鬼神」是永恆真理**。萬物以人為中心，人主宰萬物。

老子為表達一個複雜的哲學概念，既有自然的一面，又有社會的一面；既有實體的內容，又有抽象的意念，找遍詞語、翻遍字典，似乎無法找到比「道」字概括更為廣泛和恰當的字了。所以老子說：「*吾不知其名。字之曰道。*」這句話的深刻意思，老子絞盡腦汁，唯一找到是「道」字以稱之。

宇宙間一切能量的統稱，盡包涵在「道」的概念中。宇宙能量的統稱，是「道」的整個觀念。

從廣義來說，人類社會的能量，包涵在整個宇宙能量的範疇；為了論述方便，才將之細分，給予不同的名稱。《道德經》說「*無名天地之始*」——人類出現前，萬物無知；「*有名萬物之母*」——人類是萬物名稱的主宰；所以說神創造人的宗教是騙人的宗教，騙人者罪。《道德經》總結中國歷史，「人創造鬼神」。**伏羲氏的八卦、文王的《易經》、老子《道德經》，一條紅線貫串。中國是「人創造鬼神」思維的民族：所以是人類文明拓展者，並啟導人類邁向世界大同。**

世界上能知「道」的概念者，唯中國人；因此說中國人是世界文明拓展者。

2. 道是能量的統稱

「*有物渾成。先天地生。*」

在宇宙開始形成之先，已經有一股能量在渾作。這股能量雖然在渾作，但却空漠無聲，比天地和萬物都要較早出現。它

以「獨立而不改。周行而不殆」的形式無始無終地最先存在宇宙。它給人們一種非常奇特的感覺：「大。大曰。逝。逝曰。遠。遠曰。反」，如此交錯縱橫地主宰整個宇宙，萬物盡受制約其下而存在、生存和表現。

像如此在宇宙間運作的能量，從來無人知道它是什麼，並難給它一個恰當的名字。

老子把「有物渾成。先天地生。」這種能量，稱之為「道」，足見他是認識能量的鼻祖；此反映他偉大超凡的領悟能力。

「道沖而用之」，老子認為「道」是無向量的，好像一個充了氣的皮球；氣充斥着四面八方的皮球內壁，能量就是如此無向量地充斥着宇宙。宇宙無處沒有能量充斥。

「或不盈。淵兮。似萬物之宗。」

能量在宇宙中，永無滿盈過盛的現象；它淵博無窮，萬物皆由它而來，由它而生，永遠衍變無盡。「天下萬物生於有。有生於無」，第四十章奧妙全賴於此。

能量存在宇宙之間，永遠以看不見、聽不到、摸不着三種特性同時集於一身而存在。它為什麼會有如此三大特性集一身而存在呢？是一永遠不解之謎，相信很難致詰！

「視之不見。名曰。夷。聽之不聞。名曰。希。搏之不得。名曰。微。此三者。不可致詰。故混而為一。」

從老子對「道」的描述可見，「道」即是能量的意思，而「道」絕對不是上帝。

「大道汜兮。其可左右。萬物恃之以生。」

如果西方誤把「道」當作神（上帝），那就太可笑而幼稚

了。作為一個正常中國人對西方宗教信仰價值何在？如果純粹為騙飯充饑，當然怪責有點難！不然，他們全是人格卑污的大騙子，是人類的罪人。

老子在這裡指出，「道」可以起落上下、左右縱橫；萬物之所以能生、之所以能長久，完全要依靠着它。萬物恃之而生的「道」，不是能量，又是什麼呢？這更進一步説了「道」即是能量的統稱。

老子在這裡還説出另一個真理，主宰宇宙的東西，絕對不是上帝，而是「道」，即是能量。人們無知地把「道」誤作是上帝，進行迷信膜拜，是説明人類欠缺科學知識的表現。但反映中國人是一特別民族。

老子代表中華民族，亦代表全人類，宣佈上帝創造人的理論，是完全虛假無稽荒謬的，他更用嘲笑的口脗説：

「吾不知誰之子。象帝之先。」

用現代語言説，如果上帝創造萬物，那麼誰是上帝的父親？上帝是由誰所生呢？**《道德經》第一章中「無名天地之始。有名萬物之母。」完全否定上帝造人；上帝由人創造，「人創造鬼神」是永恆的真理。**

這種先知卓見，説明中華民族在二千五百年前，已經擺脱迷信上帝的困擾；比之今天的西歐，説西歐思想望塵莫及，相信絕非夜郎自大！因此説人類文明由中國人拓展，是永恆真理。

「反者。道之動。弱者。道之用。」

老子在這裡指出「道」的效能可以轉換性，實質是指能量的效能可以轉換性。大家亦很清楚老子説的「道」，並非是上

帝；如果説「道」是上帝，將上帝套入其中，那就貽笑大方了。完全可以斷言，那套入者，是人類大騙子。

"反者，上帝之動；弱者，上帝之用。"上帝是隨風擺柳的柳枝。上帝那有任何威嚴？「人創造上帝」是永恆真理！

那麼，上帝豈不是為人所隨意菲薄對待嗎？上帝那還有權威和光采呢？相信，誰也不願當此無能的上帝。人類豈能聽從無能上帝指揮和擺佈嗎？

科學反覆證明，能量作功是循環不息的。比方以水溫作功為例：先由低溫上升至高溫，再由高溫降至低溫，而再返回高溫。水溫的作功例子，正好恰當地説明老子對能量作功運動的論斷，是科學而正確的。由《道德經》可演證中國人思維是唯一正確的代表，中國是人類文明拓展者更是誰也不可否定的事實。

「道」並非是上帝，而是能量的統稱，相信不會引起任何人反對吧！

《道德經》中所指的「道」，即是能量，相信亦無人提出什麼理由反對吧！

總的説來，老子所説的「道」，即是能量的統稱，包涵了整個宇宙的能量，和整個人類社會的能量；兩者合起來，稱之為「道」。當人類出現地球上後，「道」由自然能量和社會能量組成。「道」的內涵擴大為自然能量和社會能量合共組成。

老子哲學，並不以物質普遍性為基礎。以物質普遍性為基礎的哲學，是主觀、唯心、片面的，它永遠無法找到真正的價值觀。唯有把認識論去到能量的地步，才可真正找到物質的價值觀；平均主義思想，也就無法氾濫和抬頭，而人類永遠擺脱

唯物主義所製造的災難漩渦！中國儒家思想是典型唯心主義思想，宋明理學將儒家思想推到巔峰，宋明理學是儒家的輓歌。宋明理學西傳產生唯物主義和資本主義思想，而災難全人類。

「道」是能量的統稱，來自物質的發揮，這是老子哲學的首要法則。不懂得這一首要法則，也就根本無法理解老子的哲學。全人類文明由中國人拓展是不爭的事實。西方政客由秦始皇開始憎恨中國人，再經「文景之治」、再經「貞觀之治」，直至今天一國兩制這一世界典範政制，此恨綿綿直至 2035 年西方資本主義全面衰亡。而宋明理學的唯物主義思想亦油盡燈枯衰亡。**科學唯能哲學思想《道德經》永恆普照和諧的世界。**

（二）道是能量統稱主宰宇宙的一切

「孔德之容。惟道是從。」

宇宙間萬事萬物的運動規律，絕對不能脫離「道」的範疇；那怕誰有通天的本領，他所做出來的成就和功績，去至極限，只是接近「道」的限圈而已。所以說：

「順其道者，萬變而愈盛，逆其道者，萬變而愈衰。道在其中唯道是從。」

反映任何一位帝王天子背天道背人民去強行，結果竹籃打水一場空。「聖人不仁。以百姓為芻狗」！

這足以說明宇宙間萬事萬物的變化和發展，絕對不能背道而馳；如有違背，終於死路一條，造成蹂躪萬物、誤盡蒼生！《道德經》第五章：「天地不仁。以萬物為芻狗。聖人不仁。以百姓為芻狗。」天地失了常規，聖人失了常性，「以萬物

為芻狗」，這是永恆的常規。這反映「仁」的能量和「仁」的聖人主宰天地和人類的發展樞紐。

「道」是能量的統稱，是生命的來源。

「谷神不死。是為元牝。」

道，不斷地推動宇宙的形成和變化，創造了單細胞可以生存的環境：通過總能量二合為一的運作和轉化，在空濛深邃低窪的地方，衝破死亡的約束，產生「無數單細胞」，而不是一個單細胞，宣告宇宙生命的開放；然後繼續受「道」的哺育和本身的發展與適應，經一段億萬年計時間，喜瑪拉雅山峙立海面，地球產生兩個不同環境；經一段頗長歲月，而終於出現人類，宇宙隨即進入一個新的紀元——有人類開始的紀元。人為萬物之靈：**「無名天地之始」**，人類出現前；**「有名萬物之母」**，人類出現，萬物有名。人類由進化而來，豈是上帝創造嗎？

「道」是能量的統稱，它是宇宙總能量的統稱名字。為什麼它能產生出生命呢？道理很簡單，原來總能量在運作轉化過程中，經常產生陽離子和陰離子的分解和碰合，而產生各種新的東西；在特定的生存條件下，經億萬次的分解和億萬次的碰合，有了適應的環境，偶然產生了單細胞：生命就是由能量中陰陽離子分解和碰合而產生的。

在今天的宇宙間，陰離子和陽離子的分解與碰合，仍然不斷地繼續地進行着；單細胞的產生仍然進行，可惜給現存的生物和人為破壞了。假設一切破壞和損壞單細胞的條件不存在，經億萬年的進化，同樣可以發展為高度進化的社會。當然，宇宙根本無須再走如此的回頭路。也許創造特殊生物的環境一去

不復返，地球永失去走回頭路的機會。

「**天下萬物生於有。有生於無。**」

萬物由「道」而生，「道」將萬物哺育，而產生新的萬物。這說出生命的來源，但亦清楚科學地告訴人類，「道」絕不是人類胡說八道而完全沒有根據用思維捏造出來的「上帝」。宇宙生命由「道」而來，在總能量的「**反者。道之動。弱者。道之用**」的運作和轉化過程中，使萬物由低級走向高級。

宇宙的能量在「**有物渾成。先天地生**」之前，稱之為自然能量；但發展到「**道生一**」時，單細胞出現了，宇宙能量進入了「活的能量」時期。隨着「**三生萬物**」的時期出現，宇宙的能量再跨前一步；尤其是到了「**有名萬物之母**」的人類新紀元出現，宇宙能量，進入了「靈的能量」時期。「靈的能量」時期經一段長時期的發展，出現了「自然能量」和「靈的能量」兩者相結合時期。

總的說來，宇宙能量的發展和擴大，經過五個階段。當今世界是「自然能量」和「靈的能量」相結合向前推進和發展的時代，科技日新月異。

下面從五個階段去論述能量，希望滿足大家能找到能量主宰宇宙一切：即是說，「道」主宰宇宙一切。此兩者意義完全一樣，只是提法不相同而已。

西方學者說四大文明古國中，唯獨中國欠缺神幻的創世紀；殊知中國人祖先在伏羲氏時期，已經掌握宇宙的能量活動。中華民族比任何民族都要比較早跳出混沌創世紀時期。伏羲氏是代表人類認識宇宙與人類關係第一人，儘管人類無文字準確紀錄表達人的智慧，但用圖文全面準確地表達和紀錄人的

科學思維；更令人震驚，在八千年前中國人代表全人類能科學準確地認識宇宙。一生二，兩儀生四象，四象生八卦，八卦生六十四卦，整個宇宙活動盡概述其中。如此完整和科學紀錄是全人類是中國人伏羲氏。在八千年前已經反映中國人是文明拓展者。

在八千年前，中國人伏羲氏已經掌握圖文的八卦，標誌中國是人類文化文明的拓展者，連鎖是人類文明大同世界的啟導者。

如果全人類能共識喜瑪拉雅山最早兀立地球水面，當然是人類的搖籃，亦是文化的搖籃。中國人伏羲氏的八卦出現於八千年前，代表人類最先進文化；既然如此，也不得不承認中華民族是人類文化始創者。

1. 道的自然能量時期

問宇宙由什麼時期開始，和問能量什麼時候產生，兩個問題，答案都是一樣——無始無終，除此之外，再找不到更完滿的答案了。人類出現前的第一時期，應是：「道的自然能量時期」。

然而，世界上唯一最早知道能量發展和變化的規律者，中國人繼伏羲氏之後是生於二千六百年前的老子；時到今天，科技發展已經到了相當高的水平，無數科學家進行解釋宇宙的發展，最令人滿意而信服的，還是按照老子所提的理論：

「有物渾成。先天地生。」

老子認為當宇宙開始時，是一團氣體形成的能量在運作：這團運作的能量，不斷在分解和碰合。能量的分解和碰合，使

能量發生爆炸和凝聚，出現新的暫時平衡穩定，跟着又出現新的爆炸和變化；這樣反覆地進行，經過無數次之後，終於出現較為平衡與穩定的情況。

對於宇宙的形成，《道德經》第四章有這樣的描述：

「道沖而用之。或不盈。淵兮。似萬物之宗。銼其銳。解其紛。和其光。同其塵。湛兮。似或存。吾不知誰之子。象帝之先。」

在能量無向量地運作下，將渾成體進行細分，使彼此的矛盾縮小與緩和；晝夜的光暗次序形成，海陸山河、高低深淺、呈顯有分。宇宙開始初步完成後，為各種單細胞可生存提供了環境和條件。無數單細胞產生各種各樣動植物。達爾文的獨一單細胞產生萬物是無限欺騙世人的言詞。「三生萬物」才是真理。

宇宙形成時期，亦是光能、熱能、動能、電磁能、輻射能等自然能量運作過程。這一自然能量運作過程，稱之為「自然能量時期」，是宇宙造化的第一個階段。中國老子代表全人類在上述《道德經》第四章作了科學的論述和描述。

中華民族伏羲氏是人類第一位科學家，老子亦是人類科學家，是繼承中華民族伏羲氏的中華民族第二位科學家。

最早認識能量運作的人，唯一的是中國人，由絲綢之路啟化世界，善良者無限感激，但政客和有居心的神職人員，則挖空心思，幻想消滅中國人，取而代之！中國永遠堅持以德報怨，但毋忘西方政客易反易覆蹂躪中國，以怨報恩！

2. 道是活的能量時期伊始

「活的能量時期」的提出，是為了有別於劃分能量發展的階段，並不是否定自然能量在宇宙中的主宰作用，相反，活的能量的發展和擴大，完全要依賴自然能量的哺育。所謂「道法自然」，《道德經》第四十二章：

「道生一。一生二。二生三。三生萬物。萬物負陰而抱陽。沖氣以為和。人之所惡。惟孤寡不穀。而王公以為稱。故物或損之而益。或益之而損。人之所教。我亦教之。強梁者不得其死。吾將以為教父。」

道生了一，即能量生了一，如果脫離了自然能量，就根本不可能出現「一生二」，更不可能有「二生三。三生萬物」的出現，人類也絕對不可能來到地球上生存。**陳子常與宗教朋友開玩笑，問他們人與鬼神誰先到地球。他們全是有學歷的人，為什麼迴避我的問題？也許他們怕我「人創造鬼神」的理論！**耶穌在聖經記載死前大喊：「天父！天父為什麼棄我而去？」如果上帝真的有存在，為什麼使人莫名其妙，上帝不救臨死亡的兒子呢？也許上帝是西方政客為侵略和掠奪而騙人的假設技倆。上帝是西方製造人類災難而欺騙全人類的蒙汗藥。

活的能量時期，是指宇宙能量發展已經到了新的階段，純自然能量活動出現了「道生一」，這裡的一，是指無數單細胞參加於自然能量中。自從無數單細胞增進了自然能量後，宇宙也就起了新的變化，宇宙有了無數新的伴侶。

從「道生一」計起到今天，很難知道歷史有多久，但由人類文明史開始計起，以最有代表性的中國為起點，大概有一萬年左右，時到今天，世界上還有好一些人，仍然在蒙混宣傳

上帝創造人，但中華民族在二千五百年前，已經洞悉人類來自「道生一」的進化，絕對不沉淪於上帝創造人的迷信。中國人是拓展世界文明的主人，西方歷史學家不知是幼稚還是惡意歪曲人類歷史，以埃及取代中國。

中華民族在哲學思想上，切切實實超越世界二千五百年，為什麼在其他方面，卻比西歐落後了接近半個世紀呢？原因來自近兩個世紀西歐殖民主義政治經濟和殖民主義宗教的侵略與愚弄。四大文明古國受到侵略和破壞，嚴重勢力來自西方，尤其是 1784 年工業革命成功後，彼此共識中國是文明古國的代表，受侵略和破壞最為嚴峻。世界上最為深惡痛絕者是誰？**聖君習近平說：「馬克思高度關注。第二次鴉片戰爭時間，馬克思撰寫了十幾篇關於中國的通訊，向世界揭露西方列強侵略中國真相。為中國伸張正義。」**

世界始凡有良知的人，均同情以德報怨開拓世界文明的中國，作者、政治家、經濟學家和學者；不然，他們均是醜惡的人！

人類可以拭目以待，去證明此一真理：

如果西歐能停止殖民主義思想和宗教干擾，給中國一個發展機會，完全可以肯定，在一百年內，中國的進步必然帶動世界人類會攀登一個和平幸福的新紀元，當然，中華民族必然緊握《道德經》哲學思想，才可肩負起如此的世界重任，不然，一切將如夢如夢幻如泡影，人類繼續沉淪於戰禍。陳子敢預言：道主儒輔，永以德報怨民族傳統思想，推動和發展世界，一帶一路的發展方向，人類大同和平世界一定會實現無疑。人類歡呼中國聖君習近平。

能量發展，到了「三生萬物」後，能量又進入另一個新紀元，宣告活的能量時期結束。預告思維能量的加入，世界出現新的無止境的進步。

3. 道是促進「靈的能量時期」開始根本動力——
人類出現地球形成社會結構

宇宙能量發展到了道生一，進化到一生二，再進化到二生三，發展到三生萬物。人為萬物之靈，人類出現後，言語好像一把界刀，細分萬物之名，拉開了「靈的能量時期」的序幕。社會結構緩步形成。

在近世紀，世界學者為了爭論人類與普通動物的區別，始終旗鼓相當，堅持不下。蘇聯有一位政治家根據中國老子《道德經》第一章「無名天地之始。有名萬物之母」寫了一本論人類的書，說人類有共同語言，有系統思維，有勞動創造，這三點是動物界所無，爭論很快變成暴風雨後的沉寂。其實這位政治家的理論，完全來自老子的《道德經》，可惜不少中國人都懵然捧他為天才，而不捧中國人老子是真正的超卓天才，因為老子對人類界別於動物，比他早了二千四百年，如果說他沒有讀過《道德經》，能有多少中國人會相信呢？他是近代人，地位又高，《道德經》呼之則來。什麼版本亦可得心應手。

《道德經》第一章「無名天地之始。有名萬物之母」，陳子未見有人說這兩句話是指人類出現地球後的描述。更無人指出說上帝創造人者是人類騙子，奴役世界、侵略世界，是個罪魁禍首！

中國人的智慧很多給西歐人剽奪了，但他們都盡在不言

中。中國人這筆知識產權，有誰肯去拔刀相助嗎？中國人是世界文明的拓展者，並必然是未來啟導人類邁向大同的啟導者。喜瑪拉雅山是全人類的起源地，因它最早露出水面，海洋裡一切先進的生物最早爬上地面進入另一天地發展。西方人分明閉着眼睛說大話，欺騙世人，說人類起源非洲。其實非洲人是亞洲原始人走入困境的反映，而並非最早原始人的受困。受困於非洲的人是喜瑪拉雅山人誤入非洲困境。因此任何地方落後，保留不少原始證物而誤傳人類最早搖籃！皆因西方人侵略中國避此犯忌，否認中國是人類發源地的原始人。

「靈的能量時期」經原始社會、新舊石器時代的發展，到伏羲氏製八卦前結束。

「靈的能量時期」，是指人類進化過程中的早期；到了伏羲氏創製八卦，人類已經開始進入掌握了能量和利用能量的階段。青龍白虎是中國人最早認識天地方向的反映，據出土文物有一萬一千年時間。由此推斷，青龍白虎由認識到確認，可推斷中國人歷史在一萬二千年萌芽。世界上還有那一個文化騙子敢站出來說：我的民族或某某民族比中華民族更早出現文明歷史的萌芽！

伏羲氏是人類唯一最偉大的原始科學家，是能量之父，全世界唯一最早科學家，應尊他為科學之父！此更有力說明陳子認為中國人是人類文明拓展者，是千真萬確的觀點，更可進一步說中國是由喜瑪拉雅人類起源地徙居黃河流域的人。西方學者生安白造說人類是由非洲起源地徙居黃河統域的人。西方學者生安白造說人類起源非洲，更用埃及文化取代中國文化欺騙世界。反映人類災難源起西方。1783 年美國獨立，和 1784 年

工業革命成功，共是人類災難總源頭！

「不貴其師，雖智大迷」！中國人是人類文明拓展者，但不為西方人尊重，反映西方人惡意欺騙全人類。「強梁者不得其死」，也許是永恆咒語。

《道德經》第二十七章：

「故善人者。不善人之師。不善人者。善人之資。不貴其師。不愛其資。雖智大迷。是謂要妙。」

靈的能量時期出現發展為人的社會。形成人類社會分為六個時期：一，原始社會；二，農牧時期；三，農牧社會；四，農業社會；五，工業時期；六，機械人時期。**此一觀點論證人類歷史發展和劃分時期，遠較用政治觀點劃定人類歷史發展科學而客觀！**

宋明理學西傳產生唯心主義和主觀唯心主義兩種哲學，後者用階級論觀點去劃分人類社會發展，誤盡蒼生！

4.「自然能量」和「靈的能量」兩者相結合時期

自從伏羲氏畫製八卦後，宣佈自然能量和靈的能量相結合的時期開始。伏羲氏是全人類最早最偉大唯一首位科學家，是全人類科學鼻祖。仙學的出現，反映中國人要求身體健康飛天而擺脫「地心吸力」和長壽如仙的民族。中國人是人類唯一最早知道擺脫地心吸力的民族，而並非英國牛頓！可惜中國人無知「道主儒輔」受困於孔子儒家思想：天下分久必合、合久必分。孔子功勞蓋世，然而後患無窮！連鎖中國董仲舒是中國歷史獨尊儒術大罪人。

人類歷史發展到了伏羲氏，他代表人類企圖把人的能量和

自然能量結合起來，進行探索和發揮；在八卦的卦爻中找到這樣的動向和願望。其後，仙學在沿海一帶非常流行，方士就是仙學的信奉者。仙學反映中國在八千年前，已經存在今天上太空思想；完全可以肯定，將來的中國太空科技必然超越西方。中國人是世界科學之父，亦是將來人類科學的啟導者而鰲頭者！

　　仙學的要求，是把人的能量和自然能量結合起來去煅煉自己，企圖達到成仙的境界。人類完全擺脫「地心吸力」自由無阻來往天地之間。蘇東坡說「高處不勝寒」也許並非幻想。**「人創造鬼神」是永恆真理，「鬼神創造人」是西方拾東方牙慧用作欺騙人類當世界霸主的邪說**；不過它幫助西方人掠奪亞洲及世界以及其他民族起了＂偉大＂災難作用；配合西方尊道不貴德的科技騙人帶來西方災難人類的西方繁榮。如果有人說，西方人快樂和進步建築在世界人的痛苦上，並非言過其實。

　　仙學思想給人類留下深遠的影響，相傳軒轅黃帝亦拜廣成子為師，其後在鼎湖成仙。黃帝成仙後，人們為了紀念黃帝豐功偉績，每以祭祀時，與紀念自己祖先相結合起來，成為中國道教的開始。所以說道教是國教，並非妄言。**不過，仙學的偉大社會義意能知者天下幾人？仙學反映中國人一早知道：人創造鬼神！**擺脫地心吸力是人類的必然。

　　中國傳統對去世祖先，有人問起，一般說升了仙。尤其是對有德行長者去了世一般說升了仙。

　　到了周文王時，將八卦的六十四個卦爻進行整理與調整，並配上文字，稱為卦辭。中國傳統，對高深的知識有保密的習慣，只內傳而不外傳，像《周易》如此難明難得的知識是當時

國家級秘密更不易廣傳。周是立國之名、取名者亦取其周全的好意。《周易》是指周全完美的變化哲學，易是變化。《周易》是概說：人類思想最完善總結！《周易》是前人所定，後人不能改的哲學經典，沒有《周易》，不可能有《道德經》，絕非虛言。

自《周易》出現後，這種把兩種能量相結合的研究，大大地跨前了一步。在國家和生活起着指導作用；《周易》成了當時政治、經濟的總指揮思想。到了周朝，對自然能量認識有驚人成就。《周易》是指周全變化無窮的經典。可見《周易》是不易傳人的知識。西方科學家為人類提供認識《周易》不少寶貴見解，但尚離《周易》的原底十萬百千里！尋根問底有待中國人發揚和發揮。

到了老子時代，自然能量和靈的能量相結合的探討更出現新的突破。既總結了前人的成果：《易經》是哲學蟠桃，《道德經》是蟠桃果汁，整個思想法則，規律盡納其中；可説它是人類總哲學經典，亦在靈的能量與自然能量的交感方面得到進一步的證明。這種科學的成就，為愛好者過分痴迷所污染，亦為作奸犯科的人所利用；因此，引起不少人對它卑薄和攻擊。在這種種原因促使下，使科學變成迷信，是中華民族天才的悲劇。幸得《道德經》第七十章警惕世人：「吾言甚易知。甚易行。天下莫能知。莫能行。言有宗。事有君。夫惟莫知。是以不我知。」儘管怎樣改變，其偉大哲學原則尚得保留，《道德經》仍未失為一本總哲學經典。

總而言之，《道德經》是中華民族經得起任何時代、任何衝擊、洗劫、錘鍊的、真金不怕洪爐火的全人類永恆總哲

學經典。

尤其是統治者中做了皇帝想神仙，罔顧一切條件和身邊環境，刻意追求對他來說不可能的東西；迫使歷代“道士”，無假不言、無假不做，導致不少九五之尊，慘死其下。道士行列中最為佼佼者是徐福，帶了三千童男童女“妖隱”扶桑，開拓了今天的日本。徐福是中國另類道士，深知長生不老的藥是永遠無可找，借扶桑可求；因此，三千童男童女輕而易得。不知是傳統教育所使，抑或因島國不安全而認為“祖國”比較安全而“思鄉”？傳聞徐福的神主牌包扎紅布有待成熟時機到來才揭曉於天下。陳子要彈徐福一句，為什麼不刻石留“永不侵略中華”，却出八年抗戰罪惡？

唯獨邱長春得天獨厚，將雪山試法，言之為養生之道，得皇帝寵信；在外族統治下，保存了中原十萬頭顱和道教繼續發展。儒家思想到了宋朝，到了窮則思變的地步，宋明理學是求變的反映；西傳發展唯物主義和資本主義。邱長春是偉大愛國民族英雄，將道教理論與時代相結合在逆勢世代取得平衡，拯救了民族。也許邱長春智慧來自宋明理學的啟發，窮則思變，變而則通。

有關兩種能量的交感問題，在《道德經》中作了科學的論證。

《道德經》第五十章云：

「出生入死。生之徒。十有三。死之徒。十有三。人之生。動之死。地亦十有三。夫何故。以其生生之厚。蓋聞善攝生者。陸行不遇兕虎。入軍不被甲兵。兕無所投其角。虎無所措其爪。兵無所容其耳刃。夫何故。以

其無死地。」

老子在這一章中指出，夭折早死的佔出生率的十分之三，較為長壽者佔十分之三，長壽者佔十分之三，其餘十分之一，經得起生死的煅煉，而達到最長壽。在此最長壽中，達到了無死地的境界，他們就是神仙。而在這章的結尾：「夫何故。以其無死地」並無說明「無死地」就是指長生不死！神是什麼樣的人？**陳子說「老而靈者是神仙」。神仙是靈老代名詞而不是指真正的神仙**；不過真正的神仙誰也回答不了此一問題。問題另一面，誰也無知人能長壽到什麼程度，唯一可說真理：人創造鬼神。

雖然不少人追求靈的能量與自然能量相結合，但並無成功者站出來說我是成功者，似乎億兆個而難求其一，應無須強意去追求。總而言之：彭祖八百，亦並非長生不死。此類人應只是傳說，可列入老而靈者是神仙而已；再從張果老二萬七千歲，也應屬老而靈者是神仙。

《道德經》第十六章云：

「致虛極。守靜篤。萬物並作。吾以觀其復。夫物芸芸。各復歸其根。歸根。曰。靜。靜。曰。復命。復命。曰。常。知常。曰。明。不知常。妄作凶。」

老子告訴人們，用靜觀的方法去認識事物，是靈的能量與自然能量相結合的最高表現。人是可以達到這樣境界的，只是程度問題而已。

人欲想培養自己靜觀的本領，必須要努力去煅煉和修為自己，達到這樣的造詣：

「古之善為士者。微妙元通。深不可識。」

要想知道自己的修為到了怎樣的火候，可以如此去考試自己：

「孰能濁以澄。靜之徐清。孰能安以久。動之徐生。」

如果一個人的靜和動的控制能力到了如此揮灑自如，靜觀的能力，已經達到了至境。人修煉到了如此境界已經非常了不起，亦並未為老子肯定人到了神仙的境界。不過老子卻暗示，人的修煉止境是什麼尚無定局，而因人而異是真實的盡頭。

一個人的靜觀到了至境，他的才能也就會去到這樣地步：

「不出戶。知天下。不窺牖。見天道。」

世界上任何一個民族，也同樣在探討靈的能量與自然能量相結合；但以中國人做得最完善、探討得最有成績，所以道學最早在中國出現。中國是世界道學的聖地，中國既然修煉無止境，因此無須問生死！能做到「觀天之道，執天之行盡矣」，也應該滿足了。一切發展和局限均在此話中。

仙學即是道學，是科學的學術，切勿塗上迷信的色彩；不然，就會束縛了人類的智慧。「道法自然」，完全可以肯定，這是道學的規範，「自然」是道學的永恆。

人體是個進化完善起來的小礦山，一切超異功能，均可通過人體發揮出來。

能煉成超異功能的人，永遠是百萬中無一，不如為善最樂，勤修濟世之功，較為實際。總而言之，「人創造鬼神」是永恆科學真理。

《道德經》第五十九章全文：

「治人。事天。莫若嗇。夫惟嗇。是謂早服。早服。謂之重積德。重積德。則無不克。無不克。則莫知其極。

莫知其極。可以有國。有國之母。可以長久。是謂根深固
蒂。長生久視之道。」

　　陳子深信不移，修心積德可達「莫知其極」：意指人若
能如此，可以「長生久視」，並無所不知。修道到了如此境界，
應是「老而靈者是神仙」的地步。是否人到了此步驟是否長生
久視的神仙呢？只能主觀相信，不然，無可奉告。不過，「道
法自然」、人創造鬼神和實踐是檢驗真理唯一標準，是完全
可盡信其理，它們可以提供合理的回應。

5. 如何以哲學觀點認識人、鬼、神

　　前面論述四個時期：（一）自然能量時期；（二）活的
能量時期；（三）靈的能量時期；（四）自然能量和靈的能量
結合時期。**這四段時期述說宇宙存在鬼神的道理，全根據來自
能量的發展，能量經過上述四個階段發展而產生鬼神。應堅持
「人創造鬼神」而並非神創做人。**

　　「無名天地之始。有名萬物之母」，語言是分割宇宙
萬物的界刀，鬼神的誕生，要多謝這把界刀；上帝由人類製造，
才是科學真理，絕對不是妖言惑眾，它必將為廣大的年青一代
接受，擴大認識論的範疇！拋棄一切束縛人類進步的迷信！人
創造鬼神，上帝是神，所以人創造上帝，而絕非上帝創造人，
上帝擺佈由人。

　　人為萬物之靈，在人有思維的主導下，宇宙是個共同體，
最終走向「小國寡民」。

　　《道德經》第十八章全文：

　　「大道廢。有仁義。智慧出。有大偽。六親不和有孝

慈。國家昏亂有忠臣。」

本人見報章上有人批評《道德經》的文章均去函指正，公舉老子是唯一解決世界末日的中國人。曾受一位名作家黃琉先生質詢年齡，告訴他當年本人六十多歲，博覽群書，破讀《道德經》。倘若黃琉先生有興趣《陳子論道》，可來函索取一本。

為了使人們正確對待鬼神，既不排斥又不迷信，用老子《道德經》的哲學觀點去進行認識鬼神，相信它是唯一最科學和客觀的途徑；寫《道德經》者老子，當然他完全透徹理解，但其後能如此者難尋？唯獨當今者有鄧小平先生——「不管白黑貓，捉到老鼠就是好貓！」將八十一章全部唯能內容概納在此兩句話中！**《道德經》八十一章總內容是唯能，「好貓」與「好」是唯能！在此基礎上再推陳出新者是當今聖人習近平先生，他將唯能再擴大為「一帶一路」、「社會共同體」、「世界共同體」，明顯表達只有《道德經》能救世界！**世界上只有《道德經》以唯能觀點去認識人、鬼、神。人、鬼、神全是物質能量，將彼等歸納唯能分有思維和無思維而已。

老子認為鬼神由人創造；而孔子敬鬼神而遠之，當然孔子放棄人的主導地位。前者道家唯能哲學，後者儒家唯心哲學，彼此有天淵鴻溝。

儒家推行「慎終追遠」的倫理思想，又提醒人類"敬鬼神而遠之"，這是世界上唯一說「無知鬼神是無思維的物質能量」最中庸和較合情理的，對待鬼神的理論。**這套理論，不但有民族意義，在當時亦有概括和代表世界的意義提供它作「儒輔」的地位。不過，道家觀點的正確和全面較它有過之而無不及的差距，提供「道主」的地位，兩者為「道主儒輔」提供珠**

聯璧合的理想政體。以唯能道學督導儒學是一種全面而完整地繼承中國傳統歷史思想，是可永葆中國政制長生久視中華永恆無衰。這種「道主儒輔」的政體以道學為主導和督導當時全人類唯一最完美倫理學儒學，兩者相結合是世界上唯一珠聯璧合的優良政體。

　　誰承認鬼神的存在，誰就在宣傳迷信。鬼神到底如何去認識？**陳子從「道是能量的統稱」去認識和論述鬼神的存在與否**，大家可詳議。這反映宋明理學唯物主義的狹隘和無知西傳，成為社會絆腳石：是儒家促使社會分久必合、合久必分在中國的思想根源。孔子說：「敬鬼神而遠之」，反映儒家不敢認識鬼神的觀點。

　　這是宋明理學唯物主義者，對鬼神的存在問題，代表整個儒家一貫抱着否認而又有其獨立見解的態度。宋明理學西傳唯物主義以物質第一性精神第二性為根據，提出物質的普遍性；而鬼神並非物質，所以鬼神絕無存在的可能，誰相信鬼神，誰就迷信。其實精神是能量，應仍屬物質的範疇對精神如何去認識，也就不難如何認識鬼神。鬼神是什麼？鬼神在那裡？鬼神的社會意義是什麼？這均是陳子要介紹的問題。**鬼神是無思維的物質即能量。**

　　《道德經》第四十章云：

　　「反者。道之動。弱者。道之用。天下萬物生於有。有生於無。」

　　宋明理學唯物論哲學思想，影響了很多人不相信鬼神的存在，他們被稱為"無神論者"。西方自我標榜的宗教，其實是配合政治欺騙人民的宗教。無神論和唯神論兩者同屬"迷信宗

教"。這是陳子異類觀。西方的唯神論和無神論，豈能與中國「人創造鬼神」的理論科學而完善相比較嗎？「人創造鬼神」是世界上最科學的永恆真理。

無神論者並非祖師孔子，而是其後朱熹先生，不信鬼神，較孔為基本。不信有鬼神與不害怕鬼神，兩者是完全不相同的，但不少人錯誤地把兩者等同起來：其實不害怕鬼神的人，是屬於相信有鬼神的。因此，不相信有鬼神者，只局限於一小部分堅貞的宋明理學唯物主義哲學家，廣大百姓是相信有鬼神的。這充分說明以看不見鬼神，就否定鬼神的存在，此種觀點很難得到廣泛的支持，除非用法例進行強制，不然，他們時刻覺得處於四面楚歌！

無神論的團體中存在無數懷疑鬼神是否有或無。為了政治目的，避而不言。**但唯能道家哲學者，相信「道」主宰宇宙一切，相信「人創造鬼神」，鬼神既由人創何足懼怕呢？**孔子是聖人，但敬鬼神而遠之，不敢觸動鬼神；但道家可擺佈鬼神，兩者有天淵之別。儒家"敬鬼神而遠之"，但道家信「人創造鬼神」。兩者比較，孔子儒家對鬼神"敬而遠之"，分明敬中有怕的含意；而道家「人創造鬼神」，反映人是鬼神的主導者，全無懼怕感情而是擺佈鬼神，所以政令永遠大於神令！「人創造鬼神」是徹底科學認識鬼神永恆真理觀點！

無神論者，支持他不相信鬼神可能存在，主要原因是認為自己看不見鬼神，並且堅信以物質為中心，鬼神並非物質。豈知唯物者無知「道」是能量統稱，鬼神是能量，豈能言其非物質！只不過，它是無思維的特殊物質而已。

把一百個無神論者，與一百個相信鬼神的人，進行調查，

問他們對鬼神的態度。一百個無神論者的答案會是一樣，因看不見鬼神，所以不相信鬼神存在；但另一百個相信鬼神的人，他們會說出一百個以上不相同的具體事例。相信鬼神的故事層出不窮，世代有新出爐；但無神論者的理由，千篇一律，世代異口同聲。兩者對比之下，似乎相信有鬼神的論據較為充分。

陳子可公允說一句話：有神論誤盡無數蒼生！但無神論、有神論導致兩者鬥爭，何嘗不亦誤導不少人滅祖亡宗？無神論者，您們知否？鬼神是無思維的物質；中國人崇拜祖先純屬公民教育，子孫祭祀不輟，形成連鎖世代尊崇的關係永存。

在日常談話中，間有所聞，知道無神論者在陌生荒郊中夜行中，聽見風吹草動時，他們會自我安慰的說：「我無神論者，不相信鬼神！」大家想想，如此的無神論者，他們真不相信鬼神嗎？非也！他們無知鬼神是無思維的物質能量！無知「人創造鬼神」的永恆真理！

統而觀之，不相信有鬼神，即所謂無神論者的觀點，局限了人類的認識範圍；而迷信鬼神的觀點，同樣亦是人類擴大認識範圍的桎梏。孔子在二千五百年前，已經提出最為公允的鬼神觀點，相信沿用不衰：「敬鬼神而遠之」；但朱熹卻走唯物論道路，"格物致知"而產生唯物主義無神論，誤盡蒼生。

鬼神並無什麼了不起之處，他們是人類所創造的，在人類出現後宇宙天地無一不經人類創造的東西，當然鬼神亦不能例外。完全可肯定說一句：

「沒有人類就沒有鬼神！」

人類語言出現而創造鬼神，因此人創造鬼神是科學真理。
「人創造鬼神」的偉大唯能哲學觀，必然帶來一場世界宗教改

革運動，且拭目以待。

世界思維皆有錯　唯能道學鎮乾坤

再從下面從三個方面去論述鬼神，對人、鬼、神可有更深刻清楚徹底的認識。

(1) 鬼是什麼東西

鬼是來自靈的能量所轉化。能量轉化是一種普遍的現象，自然能量可以轉化，靈的能量同樣亦能轉化。人是有思維，有系統語言能力，並能發展已掌握知識。人到了失掉思維，活的靈的能量物體，變成失掉思維而不活的能量。人的死亡是由有思維能量轉化為無思維能量，人所稱此動能量為鬼。古人對有修為和功德的人想像其死後稱之變神。活的人通過思維和語言創造死後的人為鬼和神。反映「人創造鬼神」的真理。但神要分另類闡釋。

今天的科技發展，仍然不能將靈的轉化展示出來，更不能將轉化的結果呈現在人們的眼前；因此，鬼神故事雖然言之鑿鑿，但始終令人半信半疑、得不到大眾一致的認同。要取得一致的認同並非易事。這一問題的完滿解決，陳子可告訴大家，時間擺在人類對一切能量轉化瞭如指掌。人類可耐心等待一定會有答案。其實一種沒有思維的能量，怎樣千變萬化亦害不了人！**人類要急待解決的，是資本主義走向衰亡，人類智慧應共同投入一帶一路和人類共同體，共邁世界大同。**

鬼是低級暫聚的能量。它通過世人靈的能量與之交感，而

153

產生或好或壞的作用，以及去留與聚散的現象。《道德經》云：

「善建者。不拔。善抱者。不脫。子孫祭祀不輟。」

中國老祖宗教導順其者昌，完全可以解決。不信，且看第五十九章《道德經》：

「治人。事天。莫若嗇。夫惟嗇。是謂早服。早服。謂之重積德。重積德。則無不克。無不克。則莫知其極。莫知其極。」

古云「德重鬼神欽」，説明「重積德。則無不克。無不克。則莫知其極」；原來無思維的鬼神最怕人「重積德」，人類能「重積德」，則可差遣鬼神了。人是鬼神的創造者！緊記。張道陵的劍和符可拒鬼伏神，道理是「人創造鬼神」。

中國社會之所以保持「慎終追遠」的傳統，既做到了潛移默化的孝道社會公民教育，亦達到祖先靈的能量與子孫靈的能量的交感；是如何交感，因人而異，"眾感"紛紜。且看下文"神是什麼東西"的論述。

探討能量的交感，不但對人類社會並無害處；相反，會擴展人類的知識範圍。敬鬼神而遠之，和人創造鬼神，道主儒輔使兩者天衣無縫而貢獻社會，子孫祭祀不輟！

積善積德，是能量交感的軌跡和樞紐。隨着善德和修為的擴展，對能量的轉化以及其交感，必然在探討的過程中，出現新的突破，找到能量轉化的根據，以及能量交感的演證。**如果人類能將公民教育與宗教信仰結合一致共識「人創造鬼神」；鬼神是由人類所創造，如同雞犬豕，由人飼養，為人類所使用，怕什麼？有益而無害。**

轉化而來的能量，時刻受着時間空間和環境的制約。因此

人類對能量交感切勿沉迷，鍥而不捨；不然，精神因受干擾而錯亂，結果不但無法找到轉化和交感的根據，更會使一種科學的探討受到非議。不過人類最要緊是把握着這一永恆的防衛亦是永恆真理，永不可更改的原則：「人創造鬼神」，倘人類堅守此一永恆真理，人類是能量的主人。

老子為大家探討能量轉化與交感提供找尋和認識方法：

「故常無欲以觀其妙，有欲以觀其竅。」

老子指導思想核心是「無欲」與「有欲」。其實無欲與有欲均要人時刻緊記「人創造鬼神」！

善良、敦厚、虔誠、客觀、冷靜是成功運用老子提供的認識論的使用方法的基礎。

鬼並非是可怕的能量，好像一股氣流，善良者無須怕鬼；它不但不騷擾於善良者，更無侵害於有功於社會者。心裡恐懼而受騷擾或被侵害者，盡是一些有罪於社會的人。作為一個鬼來說，進一級是神，不爭取有功於人類社會，它就喪失了晉升的機會，所以善良者能得鬼之幫助；因此，人能唯善於心，行善立功社會，無愧於天地，無須怕鬼。陳子出身寒微，自幼母親教以范丹和石崇的故事，墨守成規，決心做個有錢的善財主。但很早就認識貧窮是社會難安的根源。小學畢業已很沉醉解決社會貧窮的政治理論，終於中三下半年考入香島中學；高中畢業，投入國內高校，認真學習馬列主義，經三個月時間已經潛心研究找尋求解決社會貧窮根本問題的思想。畢業工作後寫好一本書的提綱：《分省進入共產主義》，但文革開始知是死路一條，將之燒毀。但投身努力工作報答黨培育之恩，回港後請求父親給赴英機會考察資本主義。十年居英成果取得英國

護照，認為資本主義解決不了人類貧窮。1986 年在粉嶺蓬瀛接觸《道德經》，在七十七章讀了「**孰能以有餘奉天下。惟有道者**」，讚老子超過世界上任何主義。從此全心投入研究《道德經》。從此走不出《道德經》，專心探究《道德經》，「**惟道是從**」。

(2) 神是什麼東西

　　神，傳統認為是由人類功能與德能轉化而來；這有待「實踐是檢驗真理唯一標準」的檢驗。《道德經》中云：

　　「**死而不亡者。壽。**」

　　「**死**」是指人類能量的轉化，「**不亡**」是受人長期頌讚而流芳百世。一個道德高尚，有功於民族、社會的人，他的能量轉化是長存不散而為神的。這裡的「神」是指不亡，這裡指人死後永為他人紀念的含意，即永遠紀念不忘。

　　中國傳統傾向認為一個普通的百姓，只要他立心善良，為家、為國和為民，作出貢獻，其能量轉化有異於普通的鬼；其後，其為人、行為亦能繼續起着除暴安良的作用，其鬼的能量可晉升為神的能量。這是傳統傾向，如果並無傷害社會公益，應予原諒性時間性的容忍，給予科學發展而有認識過程。「人創造鬼神」是永恆科學真理，啟導人類宗教改革的到來。

　　《道德經》所説：「**天道無親。常與善人**」，照老子語意是説，天道是指自然能量的運作，與善的願望一致。如此説來其中用一個「**常**」字，似乎是必然而非偶然。這反映老子生活的時代這種必然經常出現。古人的感應和現代的人有很大的差別。且看狗的感應能力有異人類，人類因生活奔波而失

去不少感應能力，但狗似乎仍有相當感應能力；反映現代人已經因繁忙、複雜而失掉原有本能。人類感應能力消失是事實而非虛假，古人實踐的記錄是應當接受而不應否定。如果大家能接受此一推斷，似乎天道運作會有必然的應合，那麼天道與人道存有有微妙的關連。就現代的人，仍常說見神見鬼。不過陳子相信，自然能量運作有強弱的反映，亦因人而異。其實這種現象對人無確實遺害，只是人對能量感受而產生的驚恐而已。

《道德經》第五十四章云：

「修之於身。其德乃真。修之於家。其德乃餘。修之於鄉。其德乃長。修之於國。其德乃豐。修之於天下。其德乃普。故以身觀身。以家觀家。以鄉觀鄉。以國觀國。以天下觀天下。吾何以知天下之然哉。以此。」

在這章中，老子以此道觀勸人相信自然能量運作與人道運作有必然的關係；這一番說話，好像是能量轉化階梯與進程，亦好像是能量轉化的級數標準。

通過如此論證，陳子亦難以否定。陳子深愛風水地理，起「遠祖猶懷」的作用。曾得名地師陳壽賜予《線索定向》一書傳授，其中有批斷發跡的論斷；另一名師溫海山贈與擇日，按兩者擇日並定向，為廣東博羅黃龍觀擇日定向。書說於三煞年有帝皇到，果真而非假，神乎，奇乎！這是中國傳統地理風水的地理吸引人性的反映。

名山自古明睛立　惹得朝官腳步留

黃龍觀由香港道教青松觀出巨資侯寶垣觀長主持興建，觀

樓宏偉。陳子為觀撰一門聯：「**寶至黃龍登勝境，垣興道教顯中華**」，侯觀長問陳子比較黃龍與武當山風水，陳子曰：「武當住神仙，黃龍出神仙。」侯寶垣觀長並曾修惠州元妙觀，陳子立九紫碑化官非並立門樓納財。余科長證實收入增一倍。元妙觀兀立西湖邊，大家可往一觀。

名山引得遊人醉　絡繹連袂共日西

風水耶，風景耶。人創造鬼神，真理永恆。

(3) 仙是什麼東西

「道」主宰宇宙一切。包括人、鬼、神、仙。神仙本是凡人變，唯怕凡人心不堅。「**以道蒞天下。其鬼不神**」，表明人可變成仙。即仙來自人。

這一老子哲學的第二個法則，尤其第五點，提到從能量轉化的角度去認識和探討人、鬼、神、仙四者的關係，是一個新觀點，敬希學者能予如蝗的批評。

仙，是高貴、特異、持續、自如傳說的轉化能量。他來自仙本身具有特殊的素質，並能投入社會，在濟世中有超卓的功德反映。另在「我命在我」的修煉方面，勤加修煉，達到了「**無死地**」而純陽的境界，由他的能量轉化結果：傳統稱之為「仙」。成仙後以救人助人為懷，並非像西方用宗教去侵略別人掠奪別人；西方能有今日繁榮全靠宗教配合政治殺人和奴役別人得來。西方開始亂了，陳子將撰寫一部《陳子論報應》，也許西方的衰退為此書作了註腳。

　　中國是仙學的發祥地，對仙學傳說的理論和事例特別多，在此悠長的歷史發展中，似乎無人能提出否定的根據；相反，仙學的理論和傳說仍在不斷增加，然而，成功的事例，尚未展現大眾的眼前，說服力暫且有所保留。總而言之，生有益於人，死後亦能有益於人足矣！陳子觀點：「**但願誠心寫道德，何須着意做神仙**」。世界無不騙人的人；無不騙人的政治；無不騙人的宗教；無為則無騙！無為是美好！

　　按照仙學理論的推想，相信天上仙境唯一的住客是中國人的祖先。因為世界文化中，除了中國人知道登仙的途徑以外，再沒有別的民族了。西方人死後全登天堂，天堂成了集中營，良莠一齊何必介紹？西方說死後共登天堂是他們獨立思維還是拾中國人仙學牙慧？陳子學淺，不想多言。

　　研究仙學，即是探討能量的轉化過程，如果人的能量轉化尚未弄清，而想一步登仙，這是永遠不可能的事情。仙是特殊的造化，切勿妄念追求，是億中無一的成功率；一個人老是追求成仙，而不貢獻社會，其德也就永遠無法與「道」相齊，其希望永遠落空。成仙的美事值得保留，今人應努力於為國為民建設偉大的中華民族！陳子撰文自勵：但願誠心寫道德，何須着意做神仙。

　　無神論思想和迷信思想，永遠是束縛人類智慧和視野的擴展的。要了解人的能量轉化，必須把這兩種思想拋棄；更重要的，是探討者要時刻積善積德，並且「**見真抱璞。少思寡欲**」。運用現代發展的科技，應可找到人類能量的轉化的過程，它並非是永遠打不開的謎！只要中國人世代堅持《道德經》第一章所說：

「故常無欲以觀其妙。有欲以觀其竅。此兩者。同出而異名。同謂之元。元之又元。眾妙之門。」

中國人永遠是「天道選民」，永遠以德報怨，啟導人類邁向世界大同。不亦樂乎！

無神論者，只知物質，却無知能量的轉化，論據古今千遍一律，似乎難於支持，但望他們提出新論批評；而有神論者，亦不要導人迷信，要謹慎推敲演證，尋求證據。「天道無親。常與善人」是永恆的鼓勵和目標。西方的神若然真有思維亦會慚愧！神仙就昂然行街走路！神仙是否如此，相信是古人的認識和感應而已。是否真有無神仙，陳子告訴大家一段親歷其境的事，請大家批評指導。

中國安徽齊雲山神廟復修開光，侯寶垣觀長、香港蘋果牌公司東主譚兆先生等多人同往，陳子有幸陪往。午飯後共往左麓玉虛宮。環觀後，譚兆先生問風水如何？本人忘記帶羅庚，環顧四周見兩人在宮後有人用羅庚看風水；陳子往借羅庚看玉虛宮，報告譚兆先生申子辰水局上堂是好風水地，譚先生即承諾捐一百萬重建。大概十分鐘後，借予羅庚者不知去向。此君是人還是仙，無所適從！如此巧遇機會，機會是萬千分之一！解釋途徑，唯好以《道德經》第二十一章解說：

「孔德之容。惟道是從。」

應是巧合之事。這是說一個人的功德不斷增加，其累積到最高峯，是與永恆的能量相脗合，變成了仙。這種崇高思維，是值得全人類敬仰而支持。不過看作傳說罷了。中國由生存與死後均不忘以德報怨，是中國傳統可敬思維！

譚兆先生捐一百萬建安徽齊雲山玉虛宮巧遇，完全真實不

假。陳子再告訴同日發生事情。在齊雲山正殿門前，午飯後譚兆先生在正殿前天井欄杆發現光緒二十八年譚兆捐款五百八十兩。侯寶垣觀長亦笑此巧合。前譚兆是富翁，今譚兆亦是富翁！奇嗎？陳子所述是完全真實記載，但其中巧合是偶然還是必然，實在找不到根據；相信是人常的巧合。這是天下巧合，並非宣傳迷信！大家可往安徽齊雲山一查證實。

鄧小平世界偉人說：實踐是檢驗真理唯一標準。讀者可往黃龍觀訪問青松觀代表常駐區穗科先生。不但知建設和發展黃龍觀的艱辛，亦可知他如何為道教作出辛勞。**年幼時傍晚在街頭有賣藥者高呼：「神仙本是凡人變，只怕凡人心不堅！」產生無限幻想至今不忘！**

總而言之，炎黃子孫能世代：「觀天之道，執天之行，盡矣！」中國人拓展全人類文明，亦啟導人類共邁大同。中國人手執《道德經》永恆以德報怨與世界人類。

傳說神仙遍古代　隨君採擷意如何

（三）天道和人道的相互關係

道是能量的統稱，創造和主宰了宇宙萬事萬物，使「天下萬物生於有。有生於無」。

在《道德經》中，「道」是指天道，「德」是指人道，「經」是兩者遵循運動的規律和軌跡。**《道德經》是演繹天道和人道兩者的連鎖關係的軌道，並以此指導人類社會的一切運動，而達天人合一。所以「道主儒輔」的政制將由中國成功而普及世**

界；《道德經》成為全人類共奉行哲學經典，而世界永恆大同。

天道，包涵了整個宇宙自然界的能量及其運動的規律；人道，包涵了整個人類社會的活動規律。天道與人道，兩者好似母子的關係，天道是母，人道是子。天道永遠是人道的指南。當人道的活動一旦脫離了天道，必然將社會推進災難的深淵。

二千六百年前的老子，由日常生活開始，連及過去和將來，把宇宙萬事萬物的活動提高到能量活動的角度；經過長期細緻和嚴密的觀察與分析，領悟了「道」的自然性與社會性及其兩者的轉化，提出全面認識整個宇宙能量的活動，與人類社會活動的哲學思想，通過文字熔鑄於《道德經》這部哲學經典著作中。

「萬物莫不尊道而貴德。」

這是一條匡限天道與人道先後關係的金科玉律，是永遠不可踰越的戒條，誰若罔顧一切而有所踰越，誰就會遭到必然失敗的懲罰。

這裡的「尊」是指遵循，「道」是指天道，「貴」是鍥而不捨，「德」是指人類品行，整個句子的內容是說整個宇宙萬事萬物，必然遵從自然規律去進行，而以人道的意向去取捨，使萬物納入人道的活動軌跡。

老子把天道提到主宰的地位，而人道在天道的主宰下，發揮萬物為人道所用，不然也就徒勞無功。目的是向人類敲起晨鐘暮鼓，尤其是社會的領導者，警惕人類，一切所作所為必須「尊道而貴德」；不然，不管居心是好是壞，除了立心不同外，一切作為均是罪證，同樣將人類推入災難的漩渦。因此，立心壞者，當然該死；自說立心是好者，亦難逃其罪，要自我警惕。

是以遵從天道，順應人道，是任何人所必須謹依不違的金科玉律。

老子怕人類存有投機取巧的機心，因此向人類提出警告：

「天網恢恢。疏而不漏。」

老子並不是向人類宣傳迷信的報應思想，而是揭示一個科學的因果法則。稱之為科學的報應。

整個宇宙的能量連成一個天網，眼睛看不見其存在任何約束；豈知一旦做了違背天道的事情，立即掉進此一無形的天網，終需受它的審判和制裁。

即「天網恢恢，疏而不漏」。另一面是「天道無親。常與善人。」

老子語重心長地鼓舞人類中善良的人，天道是公平的，對於那些立心為國為民為社會的人，美好美滿的將來，是屬於他們的。

也必然「天將救之。以慈衛之。」

一個人積善積德多了，碰上了危難，天道衛助他時，是按照他的積存善德而支付和回報的。這反映天道永遠守公無私，以德報怨。

「積善之家，必有餘慶。」

這句話流行了頗長的時間，如果它是言之無物，相信的人定然越來越少；事實恰巧相反，相信而履行的人却世代絡繹不絕。

哲學上說，偶然不斷地重複，就是必然。這個必然，使人很易聯想到靈的能量應在其中起着必然的作用，不然，「衛」自何來呢？

　　再舉一個家傳戶曉的歷史事例，去說明天道與人道的必然相互關係。

　　宋朝高宗害死岳飛，明代崇禎殺害袁崇煥，使民心已死，國家隨之滅沉；高宗和崇禎受盡人民責罵，而岳飛和袁崇煥則名垂千古，為丹青所留記。

　　天道和人道的相互關係，是老子哲學的第三個法則。

　　「萬物莫不尊道而貴德」、「天道無親」、「常與善人」是三個法則，天下萬事萬物必須遵行莫逆。

（四）事物必然存在兩面性

　　老子哲學肯定任何事物必然存有兩面性。兩者的存在，是通過相互協調來表現，絕對不是通過鬥爭和對立來實現的。任何事物一旦失去兩面性存在的協調、出現了分裂，其質變已經開始。這對原本的事物來說，是壞的先兆、是消失和衰亡的訊息，或者是繁衍派生出另一種與原來事物不相同的新的事物。這裡的「新」字並無好或壞的含意，切勿誤解為「好」這單一方面；大家都會認同共識「新」的酒，並不比舊的酒好。這裡的好，是指事物本身發展無改的習常性。如果事物發展不依循其本身的恆常性，因此事物必然存在兩面性是指不變的恆常性而絕非變異性。

　　老子完全洞悉，事物兩面性為取得協調時而會出現不協調；如果這種不協調繼續下去，會產生分裂，派生出另一種事物。這是一種自然性的協調與分裂的進行。老子對這種現象，看作是「道法自然」的，是順應事物的趨勢的，決不主觀地

去催促或阻撓，亦不給予好壞的評價。這種客觀對待事物派生的態度，是有別於其他哲學的，尤其有別於唯物主義哲學。唯物主義哲學，把事物的派生看作是事物發展矛盾鬥爭的途徑，因它認為：

「矛盾鬥爭與相對統一」

唯物主義者把事物的派生看作是發展，這種發展通過鬥爭來實現；亦把事物的統一，同樣通過鬥爭來實現。唯物主義這種「鬥爭是任何事物發展和統一的推動力；沒有鬥爭，就沒有發展和統一」的觀點，剛巧和老子的哲學思想相反。老子認為任何事物的發展，必須通過求協調來實現，求協調是事物發展的動力。以人類發展為例，相信一萬一千年前的中國人，與今天的中國人大同小異：這稱之為恆常性；這一恆常性，主宰事物發展的不變性；這不變性由和諧性主宰。和諧性永恆主宰不變性。社會、事物發展永遠是和諧與協調，絕非"鬥爭"。此謂「尊道而貴德」。

老子正確地認識了事物發展的動力，是和諧性；而唯物主義者錯誤地認識事物發展的動力，是鬥爭性。鬥爭的發展觀產生變異性；而和諧的發展，產生不變性、長期的穩定性。相信一萬一千年前的中國人到今天而至將來，相差不大。

唯物主義的鬥爭觀點，導致宇宙萬物永無寧日；國家社會也亦雞犬不寧，把人類推進痛苦的深淵。大家可以回顧過去近二百年的歷史，並無半點不是惡意的歪曲。唯能發展觀是和諧發展觀；唯物發展觀是鬥爭發展觀，屬災難性發展觀。

事實證明老子的協調觀點是完全正確的。萬事萬物的發展和進步，必須取得一個和平穩定的環境；鬥爭是動盪不安的環

境，對事物的發展和進步並無裨益。

兩種外國帝國主義、殖民主義以及殖民主義宗教，它們就是利用此原理去愚弄和破壞中國社會；在近百年中，吃盡它們的苦頭。中國人渴望的堯天舜日，甘雨和風，幸福、和平生活，必須由道家唯能發展觀主宰和諧發展，才可產生。

可以斷言：人類沒有中國人，人類永無公道、和平、和諧可言！

當人類跳出動物界，而成為萬物之靈，尋求協調是萬物發展和進步的動力，更加強烈地體現其必然與必須。大家不妨作一個這樣的假設：如果人類一早就認識協調是發展和進步的動力，一切事情均通過和平商議來解決；一直持續到今天，人類社會的發展和進步，不是更好而驚人嗎？如果這種觀點錯誤，為什麼今天人類要渴望和平呢？而不用戰爭來推動社會發展和進步呢？今天人類災難全由美國戰爭經濟政策產生，它宣揚民主和自由兩者不相容的鬥爭思想企圖欺騙世界不斷鬥爭，直至僅剩一人。相信西方民主、自由是對立面的，促使人類同歸於盡。美國已經走向不可挽救的衰亡，至 2035 年有生之年均見證此一必然的事實。

為了說明協調是社會發展和進步的動力，下面從三個方面去論述，說明事物兩面性的核心是協調，派生亦是尋求協調的結果。「烽火連三月，家書抵萬金」，足見和諧和平的可貴！人類共望並非生死難安、戰禍連年的生活，而是永恆和平共大同。

希望源自中國宋明理學的唯物主義者，指正和批評；共同把哲學推向高峯，造福人類。

道德唯能和諧哲學觀為社會發展永恆和平發展提出下面三大指導思想和觀點。敬請大家細讀下面三點：

1.「萬物負陰而抱陽」是事物不變的結構

「萬物負陰而抱陽。沖氣以為和」是事物和平發展的根本條件；徹底揭露唯物主義的錯誤，是災難的源頭。

宇宙間和社會裡萬事萬物，無一不是「負陰而抱陽」之物或事。陰陽兩性，是物質穩定和存在的因素。兩者之間，存在相互結合和聯繫；這種結合和聯繫，是以陽負着陰，陰抱着陽，彼此有一種無形的氣在吸引和扣連着彼此兩者。

陰陽的相互關係，從數學的數字之間，表現得最為清楚；無論是正數或者是負數的排列，均體現「負陰而抱陽」的關係。

數字上的零，是個最典型的陰陽共體：向右邊軌跡移動時，是正數；向左邊軌跡移動時，是負數。在正數中，仍然保持着右邊為正左邊為負；在負數中，同樣存在正負關係，左負右正。正負兩數均一樣，向右方移動，是正；向左方移動，是負。從下面數學排列可以很清楚地看到「負陰而抱陽」的道理，這種稱正負或陰陽的存在是和諧穩定的：

$$3 \longleftarrow 2 \longleftarrow 1 \longleftarrow \overline{(-+)} \longrightarrow 1 \longrightarrow 2 \longrightarrow 3$$
$$\quad -+ \qquad\quad -+ \qquad\quad -+ \qquad\qquad\qquad -+ \qquad\quad -+ \qquad\quad -+$$

$$3 \longrightarrow 2 \longrightarrow 1 \longrightarrow \overline{(-+)} \longleftarrow 1 \longleftarrow 2 \longleftarrow 3$$
$$\quad -+ \qquad\quad -+ \qquad\quad -+ \qquad\qquad\qquad -+ \qquad\quad -+ \qquad\quad -+$$

從上面兩行數學數字排列，說明無論怎樣運動，正負始終

共體——即陰陽共體：這證明老子的陰陽學說，即正負學說是完全正確的。正負的演變和陰陽的演變，兩者演變，全無鬥爭的迹象。

「零」雖然存在正負或稱陰陽兩個方面，彼此性質不相同，但因協調而「負」或「抱」；如果兩者不協調地負抱，正負兩數也無法界定而說明。當陽數增加而脫離了「零」，也就出現一個不是零的新陽數。這個新陽數對「零」來說，不能判斷它好或壞；好壞要由零的需要而決定。「零」的陰數增加，而產生脫離零的新陰數，此一陰數同樣其好壞由零的需要而決定。

新陽數或新陰數均由「零」分離而尋求新的協調，在協調過程中，出現新的陽數或陰數。因此，進步和發展，是由尋求協調所產生；協調的需求是進步和發展的動力。

亦可以從人類身體結構去談陰陽兩面性：

初成人體，無分男女，均由陰陽兩性細胞結合而成。陽性荷爾蒙增加超過百分之五十一，就是男性；低於百分之五十屬女性。當一個男性荷爾蒙增加的女性，此女性走向男性化；一個男性產生變化，亦是走向女性化。

無論男變女或女變男，它們都是由舊協調走向新協調，當新的協調完成後，性的改變也就完成。

因此，誰不遵守「萬物負陰而抱陽。沖氣以為和」此一原則，誰就把人類推向貧困痛苦的深淵。

山是最早露出水面的平原，人類起源於喜瑪拉雅。中國人是一支由發源地徙向黃河流域、最近發源地的原居民，是拓展人類文明的一群。**中國人是世界上唯一以德報怨的民族，人類**

文明由中國拓展。在二千五百年前已經知悉：「萬物負陰而抱陽。沖氣以為和。」那時人類文明仍是一片荒蕪；但中國老子已知事物發展的規律，稱中國人是世界文明的拓展者，誰敢站立反對？

「萬物負陰而抱陽」和「二合為一」，是「同出而異名。同謂之元」。二合為一，是萬物發展規律。無止無終不斷二合為一分裂發展。事物發展永循不變。

2.「二合為一」是事物穩定和發展的動力

事物存在陰陽兩性，其存在形式是「二合為一」而並非「合二為一」；此陰陽兩性之「二合為一」使事物穩定下來，為人類可以試測、分辨、分類、認識、使用。陰陽是事物的兩面性，二合為一是其存在性。二合為一，不但是事物的表現性，並且是事物發展和派生的動力。**「負陰而抱陽」和「二合為一」，是事物永恆存在而發展規律，一分為二是錯誤哲學觀**；任何事物如果沒二合為一作基礎，根本不存在一分為二。

當事物穩定存在相當時間，陰陽兩面性產生消長現象：長的部分，產生脫離主體的取向。由主體脫離出來的或陰或陽的部分，仍是「二合為一」的，產生新的事物。仍是二合為一的新小個體在同一大主體中是既定「二合為一」，分離小個體仍是「二合為一」；從大主體分離出來的這一小個體，仍然是一個新的「二合為一」的小個體。沒有新的二合為一，不會出現一分為二的新小個體。一分為二，是由二合為一所產生。

有哲學家說主體發生分離現象，是事物一分為二的過程，因此，事物的發展，通過一分為二來實現。「一分為二」與

「二合為一」這兩種觀點曾經發生過一場驚天動地的鬥爭，製造過不少苦難。提倡一分為二這種觀點的哲學家，實在要冷靜下來，不要"以錯"誤人！一分為二是錯誤哲學觀，是災難哲學觀。一分為二思想本源來自儒家，其後成為宋明理學；無論西傳成為思想和主義以及現行資本主義，災難世界，兩者或十者均難免衰亡的必然。

一分為二，是一種表面現象，很明顯在「一」的內部是存陰陽兩面性，其存在形式是二合為一。人類所見的一，所概念認識的一，其實是由千千萬萬二合為一形式的事物組合而成，所以說「一分為二」這種哲學觀點是自欺欺人的；他們給「二合為一」的哲學觀點施加壓力，是「苦煞好人」。水潑不入、針插不進的封閉時代促使道家唯能哲學思想全無發言的餘地，唯聽一家獨鳴。

大家必須清楚，由主體分離出來的「一」，是因不滿足於舊的合而尋求新的合所產生；當新的「一」，找不到新的「合」時，是不穩定的，終於難免衰亡。把二合為一的「一」，當它發生新的一脫離原一時，看作是一分為二；這種觀點是沒有意義的，表現不了事物發展的真實性。隨便舉個簡單事例，就足以說明其錯。比方人類的精子，當它由男性體出來時，是千千萬萬的，其豈止一嗎？女性體內排生出的卵，在一個月內，亦不僅僅是一個卵；同時，排卵的生理現象是每月進行的。一個女性的一生中，豈止一分為二嗎？**精、卵在優者為先的追逐中，優者相互結合產生胎兒二合為一。所以「二合為一」是事物發展永恆真理。**

再從男性分出的精子和女性排出的卵子，如果得不到二合

為一，終於難免要衰亡。這說明一分為二是一種虛象和表象，「二合為一」才是真實要求的內容。

再從人類社會的團體組織來看。團體由很多個體所組成，說它是「二合為一」，相信應無問題。由於參加這個團體的人，腦袋裡的知識是難於相同的，意見自然各不一致；在此一團體中，有無數個小團體，它們本是來自二合為一所變成，跟着又二合為一而產生新的變化，一直去到從此大團體中，分出二或三個小集團：它們都是二合為一的新獨立團體。這分出來的二合為一的新獨立團體，是好是壞，誰也不能作同一的定見；要由它的表現，才可作個恰當的鑑定。在此新的獨立團體中，同樣繼續二合為一的分化，步原來團體的後塵。二合為固然，由若干「二合為一」結合是必然，**但在此組合中存在「一分為二」亦必然，但事物是先有「二合為一」，才有「一分為二」；這反映說"先有一分為二然後有二合為一"的理論是錯誤哲學思維**。在認識論說來，把「二合」為基礎，然後產生質變即走向一分為二；認識論以一分為二去認識此現象是恰當而可以的。

是以，大家可以看出，「二合為一」是宇宙萬事萬物存在和發展的推動力。

萬事萬物分裂最細小時，是二合為一的能量；發展為複雜萬事萬物時，它們仍是二合為一的存在。就說由最簡單到最複雜的過程中，整個過程由頭至尾都是「二合為一」的過程。總之，「二合為一」是「一分為二」的基礎，沒有「二合為一」，也就沒有一分為二。但重要的是：一分為二必須是「二合為一」作基礎。其一分為二的現象亦由「二合為一」的必然。

一分為二是一種虛假的現象，「二合為一」才是其真實的

內容。

　　因此，二合為一，永遠是維繫和推動萬事萬物穩定與發展的動力。

　　再以勞資兩方為例，就可清楚看見「二合為一」的真理。

　　資方是二合為一的一方，勞方亦是二合為一的一方。勞方資方兩者是二合為一的存在總體。當勞方與資方發生矛盾時，經雙方協調後，而取得統一。在協調的過程中，雙方始終存在着願協調和不願協調的力量在爭持；當雙方願協調的力量取得主導地位時，立即出現「二合為一」的勞資和談成功的新現象。

　　假如，勞方或資方其中一方為不協調的力量所主宰，勞資和談暫時不會出現；但協調的力量始終在纏繞着不協調力量，經若干時間後，勞資終會出現新的協調。這是真理，事物始終無法擺脫此一真理。如果一分為二是真理，世界那會和平與寧息呢？

　　一分為二，是錯誤的唯心主義哲學觀，來自西方哲學。二合為一，是正確的哲學觀，發祥於中國，由老子所總結而提出。

　　老子在第十章和二十二章中提出：

　　「**抱一能無離**」與「**抱一以為天下式**」的論斷，向人類證實：協調、統一、歸一、平衡、穩定，永遠是萬事萬物的共同趨向，這個趨向是由二合為一的力量所牽動；而矛盾、鬥爭、對立、衝突永遠為二合為一的力量所化解，整個人類歷史演證了此一真理。

　　「家和萬事興，家衰口不停」，這雖然是俗語諺言，但說明中國人普遍懂得高深的哲理：**「二合為一」是進步發展的力量**；西方唯物主義，連中國一個普通百姓也不如。

「道生一。一生二。二生三。三生萬物。萬物負陰而抱陽。沖氣以為和。」

這是萬物二合為一的程序表，列出此程序表的，老子是天下第一人！

二合為一是永恆的真理；一分為二是錯誤哲理，災難蒼生。

「天下大勢，分久必合，合久必分。」最後走出宋明理學，西傳發展為資本主義理論和主觀唯物主義，災難天下蒼生。孔子儒家思想在中國歷史二千五百年中發展好壞參半，但到今天還有不少儒學家提出什麼"新儒學"，幻想以其取代和對抗西方任何主義，簡直浪費天才！**何不提倡「道主儒輔」，永遠解決道儒相爭**。「道主儒輔」是先進發展觀：以道學的唯能發展觀，將儒家錯誤唯心主義和主觀唯心主義全面去掉，而將其經實踐檢驗真理唯一標準剩下的儒家理論去輔助道家唯能，豈會有錯乎？

3.「靜為躁君」主宰事物的盛衰

《道德經》第二十六章云：

「重為輕根。靜為躁君。」

重主宰着輕，靜主宰着動。老子把事情擺在環境之外，去認識事物運動的本質，找到事物運動的規律：輕是動的啟始條件，重是靜的促使原因。重與輕二合為一，靜與動又二合為一；重輕與靜動兩者各自的二合為一，又再組成二合為一，包含重輕靜動四個因素，形成一個運動體。在運動的軌跡上，重輕靜動合成一個點進行運動，形成運動點。由四個因素組成的運動

點，不受方向的限制，產生無向量的運動，此是能量的運動規律。世界上誰先知能量運動規律呢？中國人！

輕、重、動和靜四者合而為一，以動和靜為代表，去認識能量活動規律，以此探討動和靜如何在宇宙萬物中起着主宰盛衰的作用。靜主宰着動；靜和動，主宰着萬事萬物的盛衰。

世界上最早認識能量的運動規律者是中國人——是中國的老子，所以中國是能量活動理論的發祥地，老子是能量運動的老師；早在二千五百年前，已是認識事物運動的鼻祖。全世界科學家全是後學晚輩。

「道沖而用之」是能量運動的概括。

牛頓（1642-1726）發明三大定律，被舉為偉大力學家，說力學由他奠定基礎。這是普通的力學知識，與老子能量運動的知識比較，前者是幼稚園學生，後者是博士，兩者相差二千二百多年。嚴格說來，牛頓的力學觀點，比中國人倒退了二千多年。這樣說，似乎較為恰當，相信大家毫無異議。

西方的科學文化知識，在開始時，只是由東風吹去西方的幾片落葉，西方人沉埋於落葉的研究。因此整個世界的人，迷信科學喬木長於西方；其實不然，最早最先進科學啟源於東方。中國人是人類文明啟始的拓展者。

老子的能量運動學說，是哲學的運動理論，指導着整個宇宙哲學理論的運作。

《道德經》第十六章云：

「萬物並作。吾以觀其復。夫物芸芸。各復歸其根。歸根。曰。靜。靜。曰。復命。復命。曰。常。」

老子認為，儘管宇宙齊放並發繁榮熱鬧，但到頭來總有一

個歸向：萬動朝靜，並為靜所主宰，盛衰之理因之不可規避。

「反者。道之動。弱者。道之用。」

老子再用道，即能量的活動整個過程，說明動為靜所主宰。

動，是發展和興盛的徵兆；靜，是動走向衰敗。登峯造極，和盛極必衰，是動和靜的分水嶺。這反映有動必有靜，有靜必有動。

有些政治家片面理解「流水不污，門樞不腐」的道理，把它用到政治和經濟上去；結果搞到整個社會狼藉不堪、動盪不安。「動」和「不污」根本沒有實質關連。人們受減少污的現象，誤作不污是完全錯誤。「門樞不腐」是錯誤，門樞是因動而虧損而不是腐。

流水，是水的本質所帶來，不是為不污而流動；如果水之流動是為污而做，那麼水就無須消毒了，顯然對流水以不污為判斷，是完全錯誤的。門樞不是為不腐而旋轉，但其每天旋轉的損耗，和腐爛有什分別呢？不污和不腐的表面現象，只能欺騙唯心主義的哲學家，和認識論不徹底的人。這種虛假的哲理，豈能指導社會活動嗎？肯定要把經濟和政治搞得一團糟！所以唯物哲學者晚節不保給國家民族帶來災難！

在能量中，分有光能、熱能、電磁能、輻射能、活能、靈能等等一切宇宙能量，它們無一不為靜所主宰。

光能，由一個發光體開始。對發光體說，它的動是受靜主宰着的；發出的光能本身，同樣亦為靜所主宰。因此，發光體和發射出的光能，同樣由強至弱、由有而變無。

以人體而論，人經過一天的勞動或運動，身體勞累了，要

休息，靜由頭至尾在主宰着動。有人說，休息是人體部分靜止，但血液在循環，心臟在跳動，人體並未靜止。且看，人體到盡頭時，不是要轉化嗎？由人體變成非人體嗎？這叫「歸根。曰。靜。靜。曰。復命。復命。曰。常」。

有些宗教家，根本不理解「動和靜」的運動哲學原理，勸人早離苦海，或者叫人去接受蒙主寵召。這些人人生觀是反科學的，均束縛了人類思想，全屬唯心主義的錯誤思想；人類要將其徹底拋棄，建立科學能量活動思想，促使社會發展不停積累人類所需。**《道德經》是人類唯一的唯能哲學，社會永遠進步不停。**

人類世代交替的盛衰之理是必然的，要解決此一問題，必須按老子提出的辦法去做：養生和延續，是唯一最好的應對方法。這充分證明：「反者。道之動。弱者。道之用」是永恆真理。

道家提出「我命在我」，其本質是養生，把人體發揮其最高效能，心境愉快地度其有生之年；延續，是要將人類的生命階段性地接駁，使其一代接一代地相傳，生生不息。這反映物盡其用的發揮，亦反映「治人。事天。莫若嗇」。物質盡用，根本在「嗇」。

老子要求人類徹底認識，養生是為延續服務的；人在有生之年，要按《道德經》第五十四章：

「修之於身。其德乃真。修之於家。其德乃餘。修之於鄉。其德乃長。修之於國。其德乃豐。修之於天下。其德乃普。」

沿着此一社會階梯去進行修身養生，完成人類延續的任

務；切勿放棄此人生大任，而去接受早死早着脫離苦海的欺騙和愚弄，更不要去自投羅網接受非中國人思想的蒙主寵召宗教。因此，對宗教正確評估，《道德經》是檢驗宗教好壞的試金石。

要實現養生和延續的偉大人生任務，必須掌握老子的三寶：

「一曰慈。二曰儉。三曰不敢為天下先。夫慈故能勇。儉故能廣。不敢為天下先。故能成其大。」

要發揮三寶在社會上的威力，必須把社會經濟搞好，社會政治才有基礎。要搞好經濟，必須做好商品經濟和稅收，將稅收建設社會和救濟社會中不足者，且看下：

《道德經》第七十七章云：

「天之道。損有餘以補不足。人之道則不然。損不足以奉有餘。」

這是社會安定，為養生和延續提供物質基礎的金科玉律，切勿破壞和違背！經濟和政治家們若能精通此一原理，社會永恆豐衣足食，國泰民安。

從宇宙萬事萬物存在「負陰而抱陽」、「靜為躁君」及二合為一三個運動特性去看，充分證明了萬事萬物必然存在兩面性。這是老子哲學的第四個法則。以《道德經》三個運動特性，和事物兩面性去看事物和問題，那會對事物認識不清而錯誤？聖人掌握此理，左右的人亦掌握此，彼此互補互促，政治、經濟永恆暢通無阻，稱為政通人和，天下大治。

（五）事物的絕對性與相對性及其關係

西方唯物主義者，其實是拾中國的宋明理學牙慧，稱自己的哲學為辯證哲學，將其他哲學貶為非科學哲學。殊知因為過分強調事物的辯證關係，忽略了事物的絕對性，而把自己的哲學推入詭辯的死胡同。

不少人誤解以為辯證觀點是西方哲學家的發明，其實，真真正正的始創人是中國老子。老子在二千五百年前，已經在《道德經》中提出完整的唯能哲學，唯能哲學觀比較唯物辯證法有過之而無不及。宋明理學由中國傳入西方，西方學者將朱熹唯物主義，發揮並吸取中國道家唯物辯證法，但無唯能哲學觀；其實唯能哲學大超唯物辯證觀。西方思想家把宋明理學這種思想方法演繹為辯證法，不失為是把它提到高度的發展。然而，只在唯物基礎上加入辯證的思維稱之為唯物辯證法，豈知唯能哲學更比唯物辯證法高一層次！西方學者的哲學思維方法，在實踐中充分作了證明，比不上道家唯能哲學思想。

「故常無欲以觀其妙。有欲以觀其竅。」

「有欲以觀其竅」，實質是叫人觀察和思考問題時，要看到事物的互相關係，以及事物彼此間的連帶關係；不然，竅也就無法可尋。

為了更充分證明《道德經》在二千五百年前已經徹底洞悉辯證法，辯證法並非由西方學者發明，中國老子《道德經》是辯證法的鼻祖；更可證明老子《道德經》哲學觀已經把唯物辯證法發展為唯能哲學觀，是人類世界最頂尖哲學觀，反映西方哲學家拾老子牙慧尚未到家，而無知唯能哲學觀是人類社會唯

一正確哲學觀。且看下面引語：

「禍兮。福所倚。福兮。禍所伏。」

禍中有福，福中有禍，這是一種最完整的唯一辯證思想。老子的辯證觀點要比西方所謂辯證哲學早了二千三百多年。無論西方怎樣詭辯，有關老子的辯證觀點居祖師爺的地位，是無法否定得了的！《道德經》唯能哲學觀，是最高層次哲學觀。唯能哲學觀比唯物辯證觀有過之而無不及！老子《道德經》是全人類總哲學的唯一代表作，當之無愧。

相信炎黃子孫的哲學家或政治家，不會盲目地囫圇吞棗西洋哲學，而願貶低自己的祖先吧！如果偏要願當低等哲學奴才，實在是個無可救藥的中國人白痴。

事物的絕對性，是不容忽視的，絕對不能隨便地把它當作辯證關係來看待；不然，氾濫的辯證觀點也就變成詭辯的嘴臉，把人類隨時隨刻推進災難的漩渦。

也許有人說，老子不是說：「道可道。非常道」嗎？

雖然老子毫不含糊地告訴人們，宇宙間有兩種「道」，一種是社會上說得出來的道；將這種道與天道比較，它並不是永恆的道，但他並不否定此事理的絕對性。永恆和絕對兩者意義有其不相同之處，切勿混淆。當然，永恆的事物，亦有其絕對性的存在。老子《道德經》哲學是人類唯一永恆哲學，唯能是哲學最高無可再高的絕學。

為了探討絕對性與相對性及其關係，可再從下列兩方面去進行探討：

1. 能量的絕對性

為了認識能量的絕對性而從下面兩方面去論述：

(1)「能量主宰宇宙」是絕對的

「道」是能量的統稱，來自物質的發揮。「道」主宰宇宙，即是能量主宰宇宙，能量無處不有無處不在。誰若否定了能量的主宰和絕對性，也就否定了客觀自然規律性，也就無須遵守自然規律，把人類社會推進道德墮落的深淵。在人類社會中，曾經嘗試過不遵守自然的規律：結果社會經濟、政治一團糟，人民叫苦連天，要永記此慘痛教訓！能量主宰宇宙是絕對的，是永恆的而必然。

(2)「道生一」是絕對的必然

「有物渾成。先天地生。」

當宇宙還未形成，能量已經出現了；通過能量的運作，而產生了單細胞，即是「道生一」的「一」。這裡的「一」，並非單數字的一，而是無限接連的組群。

《道德經》第六章：

「谷神不死。是謂元牝。元牝之門。是為天地根。綿綿若存。用之不勤。」

當「有物渾成」的過程，要經一段頗長的時間，然後到出現「道生一」，此後又經一段頗長的發展時間；這一段頗長的歷程，就是宇宙進化發展的過程。宇宙進化發展的過程，是能量在促進和推動，絕對不是神的力量。因此，相信上帝創造萬物，只是人類原始社會的普遍思想對無知的崇拜；因此，

相信上帝創造萬物的思想是人類愚蒙原始時代的迷信思想。説得更清楚點：提倡、宣傳「上帝創造人」的人，是反科學的人胡猜亂想的宣傳、是社會進步的人為絆腳石，它是沿用過去統治者用來奴役人類思想的桎梏宣傳；必須透過教育把它摒棄，人類才可能無拘無束地邁進、直搗科學的王國，完全掌握科學為人類服務。這反映人類把無思維的能量看作由自己假設的有思維"上帝"去解釋人類起源。中國古謠：「日出而作，日入而息，帝力與我何有哉。」這反映人類以中國人為代表：在八千年前中國伏羲氏創造圖文的科學八卦，二千五百年前老子用文字寫出《道德經》，一早就知人非由上帝創造。從秦始皇築萬里長城合理維護中國社會發展，西方政客却仇恨她斷絕其祖先游牧民族生活道路；及後漢朝的強大、唐朝的強盛，西方政客更將之視為宿仇！連鎖煽動世代仇恨中國人，直至今天仍在繼續。

　　「道」是宇宙的總能量，「生」是創造，「一」是生命，整個意思是：宇宙萬物由能量所創造，絕對不是子烏虛有的上帝所創人；所以「道生一」是絕對的真理，其絕對性不容懷疑！這種科學認識社會發展的族群，唯一的是居住黃河流域的中國人！所以説中國人是人類文明拓展者，有其科學性的支持，絕非虛託和蒙騙別人的杜撰。由原始至今，中國既是人類文明拓展者，更是以史為證，堅持以德報怨的偉大民族。

2. 人類社會中事物的絕對性

　　「三生萬物」之後，人類在萬物中抬起頭來，挺直了腰板，説出「有名萬物之母」，宣告人類社會開始建立。在社

會事物中存在其絕對性的認識權，並啟導人類邁向世界大同。人類社會中事物絕對性以三點以闡釋而反映中國人是人類文明的拓展者。第四點由陳子為人類提出「人創造鬼神」為全人類的宗教改革，將必然在世界上掀起驚天動地的運動！敬請大家拭目以待。

(1)「尊道而貴德」是絕對的

　　人類必須尊道而生存，順應能量而延續；任何違背道的行為，都註定要失敗的，導致人類不可能長存。人類要求生存，少不了要與延續世代相銜接，才不致在地球上消滅。在生存和求延續的過程中，必須建立公共秩序和道德標準，這個公共秩序和道德標準，要以「天道無親」為指南。一個不尊道不貴德的人類社會，是不堪設想的；人類的社會始終無法達到永久和平與幸福，主要原因是統治者沒有完全做到「尊道而貴德」。因此「尊道而貴德」是人類社會絕對的真理，其絕對性不容忽視；中國由原始至今始終是「尊道而貴德」，永不帶給人類任何災難。中國的災難是自作自受：中國儒家代言人孔子因無知天道而只顧發展人道，帶來中國歷史分久必合、合久必分。**所以陳子對孔子如此評價：孔子功勞蓋世，然而後患無窮，唯有用「道主儒輔」才可解除。**

(2)「人創造人」是絕對的

　　人，之所以成為人，整個過程是通過進化；在進化的過程中，人類自己在創造了自己。其實人類由特殊單細胞起點，一直至今天的人類，人類的延續全不見借助於上帝，只有神職人

員説某女性胎兒來自上帝。其實神職人員是閉着眼睛説假話而已，除非那女性與神職人員私通產生那胎兒，而神職人員另將職責推到上帝的身上，給上帝莫須有的責任。嗚呼上帝，誰可為您伸冤？陳子愛莫能助！但陳子可告訴人類一個無奈秘密：一個文明的民族受盡凌辱，掙扎走不脱而寄望於神的翻身！妄説神創造人，後終為羅馬帝國所殺。最可悲的，却被羅馬利用其欺騙世界奴役世界。當然，其無知此神創造人，侮辱了全人類的婦女，與神通姦！給上帝無辜的罪！上帝可憐！陳子為您無思維而受辱鳴不平！

　　人創造人，包含了生育、撫育、教育、影響、互助等內容。神是思維朔造的假設，版樣以各人主見而定，全不由上帝決定──即「人創造上帝」。上帝怎可造人、怎可撫養人、怎可教育人呢？人創造上帝、人代言上帝、人代勞上帝，上帝萬能，全由人的思維塑造和安排！嗚呼，可憐的上帝！陳子提「人創造鬼神」，可足以拯救您！為洗脱上帝與人類通姦的冤枉！亦為傳教士洗脱冤枉的罪行。神創人是欺騙！人創造人是永恆真理。

(3)「人創造社會」是絕對的

　　大家都會很清楚，社會那一件東西不是由人類所創造的？完全可以斷言，沒有人類，社會不可能進步，社會不可能組成、不可能存在。其實神職人員為解決自己飢餓，抿着良心去騙他人！原來神職人員那樣品格下流！也許神識人員在統治者刀斧皮鞭下才失去自己的人格！可悲的神職人員！其實無數失掉人性的事情均由統治者的惡行所造！神職人員覺醒！大膽替陳子

說出「人創造鬼神」，救己救人、救世界！神因你們的蒙騙行為失掉神尊嚴。

陳子經常與神職人員笑談，問他們：「是人到地球先？還是神到地球先？」不少神職人員不答；但亦有人說神先，再問他怎知道神先呢？陳子先言是人傳說下來！難道不怕傳說者無中生有，立心騙人嗎？

《道德經》第一章第五句：「無名天地之始。有名萬物之母」，這裡的「母」就是人的嘴巴說的語言！

(4)「人創造鬼神」是絕對的

人是鬼神的前身，沒有人類，根本不可能產生鬼神。鬼神是名稱，它們來自人類思維和語言；語言和思想是一把界刀，把鬼神從事物中切出來。沒有人類語言和思維，完全不可能出現鬼神此一名稱；**所以人創造鬼神是絕對的真理，所以《道德經》說：「無名天地之始。有名萬物之母」，萬物之名全由人的思維和語言造成！**

人在生時，由於受到人的培養、教育以及自己努力成材，他的成材受到重視和尊敬；去世之後，為社會人所敬重和紀念，供之為神。很明顯，整個由人而變成神的過程，是體現了神是由人所創造的。**這更進一步說明「人創造鬼神」是一絕對真理。**

「人創造鬼神」是絕對真理！中國人的道教原是「人創造鬼神」的傳統民族宗教。黃帝是人、老子是人、張天師是人，完全由自己善良為人有成績而受他人尊敬成神；但中國道教徒無骨氣去繼承「人創造鬼神」，信奉此偉大民族傳統宗教！

　　如此社會中絕對性的事例舉不勝舉。人類要認識和承認絕對性的事理，在創造今天和明天時，才不致失掉目標、才不致推卸責任、才不致欺騙別人，才不致被辯證關係觀點推下深淵！一種米養千種人，為了成名，不惜埋沒良心，借助無思維的能量神去欺騙他人！如果神鬼真有思維，神職人員無一是敢作奸犯科者！人類能知此道理者天下太平！

3. 宇宙中萬事萬物的相對性

　　老子既洞悉事物的絕對性，亦清楚認識事物的相對性；要求人類掌握事物的兩個方面，在處理問題時，才不致大亂方寸。知道事物的兩面性和相對性，處理任何事物也就注意其持平性，不致偏頗。《道德經》第二章云：

　　「美之為美。斯惡已。善之為善。斯不善已。故有無相生。難易相成。長短相較。高下相傾。音聲相合。前後相隨。」

　　這些都是事物的相對性的論證語言。

　　老子洞悉事物的相對性，更由此相對性，提出事物的辯證關係；辯證唯物主義，以為將唯物主義的宋明理學配上唯物辯證就可以登上哲學的崇高寶座，無知唯能《道德經》哲學是獨執牛耳的高位。《道德經》五十八章：

　　「禍兮。福所倚。福兮。禍所伏。孰知其極。其無正也。正復為奇。善復為妖。」

　　老子清楚地指出，禍福相倚相伏、正奇往返變化、善妖互相轉換，這些都是事物的辯證關係。毋忘辯證的關係，要靠唯能才是哲學盡頭！

185

相對性裡有辯證的關係因素存在；而辯證關係，好像兩個不相同的物，在橢圓形的軌跡中相互追逐，相互變換位置和性質。

老子的哲學，看見事物的絕對性、相對性和辯證關係，處理事物時，井井有條、主次分明、本末有序；不像西方哲學為辯證關係所氾濫，墮落為詭辯家、顛倒皂白，把人民推進痛苦的深淵。唯物主義是西方哲學家將宋明理學的朱熹格物致知發展，在唯物主義基礎上推演出唯物辯證法，以為是哲學理論的盡頭；無知**唯能哲學的《道德經》哲學，才是「絕學無憂」的世界人類總哲學經典！**

哲學家要拯救自己和百姓，必須把老子的事物絕對性、相對性和辯證關係三個方面搞清楚，才能找到出路；不然，永困「妄作凶」的囹圄之中。**哲學的登峰造極是「唯能哲學」；老子是人類唯一經由事物的絕對性，以及事物的辯證關係而發展到物質的唯能層次。**唯能《道德經》哲學達到哲學登峰造極的頂點，對事物認識無往而不利。中國人老子《道德經》哲學是全人類哲學唯一經典。

「道常無為。而無不為。侯王若能守。萬物將自賓。」

《道德經》是戰無不勝的人類世界唯一唯能哲學！

（六）宇宙萬事萬物先質變而後量變

質變先於量變，抑或量變先於質變，西方哲學為此問題爭論不休，始終旗鼓相當、勝負難分，似乎唯物主義佔了上風；唯心主義者，無言以對。量變先於質變似乎佔了上風，西方哲

學家多是欠缺哲學頭腦因而產生無聊爭拗：西方把量變和量的分割混為一談。

任何物質均存在可分割性。如果把分割性看作量變，以鐵為例，無論怎分，均屬量的割切，根本未接觸到量與質關連的變。如果讓鐵與氧（O）接觸產生氧化鐵脫離純鐵本身，很易看到質變到量變。鐵怎樣割切是鐵與鐵的分離，屬割切，而非"量變"；經氧化而脫離是真的質變。鐵（Fe）是原鐵，原鐵質變（氧化）成氧化鐵（Fe_2O_3）而脫落，這現象叫量變。

物質無論怎樣割切，如果未至陰和陽分開，只能看作物質割切絕非其真正的量變。如果大家同意，割切的行為並非物質本身量變，那物質是先質變然後出現量變。此一西方哲學無法解決的問題，中國老子在二千五百年前，已經明確地指出質變先於量變；在質變與量變間，緊密接連，只是稍為先後而已。

「萬物負陰而抱陽。沖氣以為和。」

這是老子提出先質變到量變的核心理論根據。陰陽是事物的基本結構，「和」是由陰陽本身沖氣所產生，是事物存在和穩定的結構力。

宇宙萬事萬物，無論怎樣細分，始終存在陰陽兩部分，以「沖氣」為結構力。陰陽結合體，是事物最細小存在體：即是最基本的量。**因此任何物質必須先質變才產生量變是永恆真理。先質變而量變是永恆不變規律。**

大家在談論質變量變前，必須分清楚哲學上的量變，和日常生活中所說的量變不相同。比方以水為例，碗中盛了滿滿的水，把它倒去一半，碗中只剩半碗。碗中的水不是在產生了量變，而水的質仍未變；這不是說明先量變，而其後才慢慢變出

現質變嗎？水這樣變化，並不稱為哲學上所指的量變。量變是指特定分量的水，變成非水的東西，這樣才叫量變。總之，物質的分割性並非量變。

水是由兩個氫一個氧所組成分子式 H_2O，要真正減少水的量，必須將其氫和氧的結構力破壞，分解為氫和氧。這樣分解下去，特定的水的分量，也就完全消失，這叫量變；給太陽蒸發了，不是真正的量變，而是量的分割。

明白了量變的定義，也就不難明白事物的質變了。

當水的氫氧結構力破壞了，不就是水的質給破壞了嗎？跟着量變也就產生。從變化的先後次序來看，很明顯看到質變才到量變的事物變化規律。

再以鐵為例。鐵經氧化後，產生剝落；一塊大鐵，終於被氧化變成一堆銹，即氧化鐵。鐵本來不會剝落的，但受到氧的干擾，把其質破壞了，變成非原來的鐵，才致剝落，很明顯鐵的剝落，是先質變，然後產生剝落的量變。

人們最易為數學上數的變化所瞞騙，以為數的增加是量變，並無質變的存在。

數字上的零是正負合體，亦即陰陽合體，向左移動是負，向右移動是正。每當零向左或右移動時，必為相應的負正合體跟隨着。

零向右方移動時，正質因素慢慢增加，這是質先在變；到了正質因素積累成為量的數字，量變就體現出來。其實在正因素增加同時，量亦在增加，產生變化，但質變始終先於量變。

數值的增減變化，人的思維將數值的質變掩蓋了。人類只看見數值的量在變化，誤以為數學的數值增加，只體現量變，

並無質變;由此而演證,以為事物量變先於質變。先量變到質變是顛倒而錯誤哲學觀,其實是質變先於量變。中國人的哲學觀是代表全人類的正確觀,所以,陳子説:「世界有中國人才有哲學」,沒有中國人的地方,哲學在二千多年後才出現。

量變先於質變的哲學觀點是反科學而詭辯的,必須將之揚棄。

災難,至鄧小平先生提出貓論才真正停止。

西方哲學認為,舊事物的消滅、新事物的發展和產生,要通過量變到質變來實現。這種觀點很易令人誤解,把舊事物誤認為不好,而新事物才是好的。酒和柑皮偏偏就是舊的為好。

老子對於事物的質量變化,並不以「好、壞」的態度去迎拒它們,始終保持客觀的態度;待它們完成後,在生活實踐中去考察,然後判斷其是好抑或是壞。

宇宙萬事萬物的變化,必然先質變然後量變。質變先於量變是絕對的自然規律,兩者變化,既不是相對,更不是辯證的。

質變先於量變,是老子哲學的第六個法則。

老子《道德經》哲學,包羅萬有,萬事萬理亦可在其中找到認識和解釋的哲理,是人類總哲學經典。總之《道德經》可為人類解釋一切和認識一切。中國人要緊記:

晨早當思謀生計　閑時應讀道德經

永把《道德經》置股掌之間!

（七）人是宇宙萬事萬物的主管

　　老子從自己身邊，左右、前後、上下的日常生活開始思考和觀察，透視宇宙億兆年前「有物渾成」的形成運作；由「道沖而用之」，發現「反者。道之動。弱者。道之用」而掌握能量運動的規律；從「萬物並作」、「各復歸其根」的各種現象，指出「不知常」就會「妄作凶」的必然性。儘管《道德五千言》，概納了整個宇宙的知識，包羅萬有，但共同服務的核心是人，並且要求人要永遠成為宇宙萬事萬物的主管，切勿放棄此一主管的地位。神創造人的宗教觀是人類進步的絆腳石，人類災難的罪魁禍首；中國災難全由它產生，是危難中國人的不共戴天的災難思想！能知此者，曾有幾人？陳子敢誇言：看破西方歷史，能看出此者，世上未見其人！西方人有兩大幻想：一，說神創造人。青龍白虎出土，早知中國人自一萬一千年，男女結合生男女；那說"神創造人"者還未變成單細胞，相差幾千年。其實他能成人是由父母而來，但他却想神、人通姦的行為！他是罪人！二，是美國 1899 年戰爭經濟思想災難全人類漫延至今。前後這兩種思想，是西方想欺騙和愚弄全人類，後者是統治全人類！此兩者到 2035 年將出現明顯衰亡。

　　人的主管地位是絕對的。任何人看不見人的主管地位，如果他是個統治者，必然是個昏庸的暴君；如果他是一個平民百姓，可以肯定他是個冷血的人，或者是個浪費社會財物的人。

　　世界有些人，利用「博愛」此一毫無立腳點並且空泛無邊的欺騙詞語，去掠奪別人財富和領土，最終達到殖民的目的。

他們全不認識人的主管地位，如果他們真的認識了人的主管地位，他們就不會和不該用宗教儀式，用政治殖民，用經濟殖民，和用炮火武器去殖民。目看中國社會，多人因相信神創人，而數典忘宗，與中國傳統宗教道教割席！將此將來人類必然典範宗教視若無睹！

今天仍然有些人用巧妙、神奇、隱變的人權、民主、自由去破壞和反對人的主管地位的建立，誆取了好些人支持與跟從。這些人被他們把上層建築的經濟基礎抽掉所騙，不審究其暗渡陳倉的殖民主義目的。如果他們的靈魂是那樣的聖潔和清高，為什麼要求在援助與交流中附帶那麼多條件？何不老老實實地承認自己祖先做了不少對別人不起的事情，今天由自己作為後人者去做些好事作彌補呢？而使受惠者感激其真誠和好意後，以和歷史之大怨，以至於無怨，而使全世界人類共同攜手去實現人主管宇宙的願望，去體現人主管宇宙的地位。

相信任何一個人和一位政治家均懂此一顯淺的道理，只要一個國家經濟基礎建立起來，逐步推行普及文化教育，其人權、民主、自由必然有所改善；何必一廂情願，強迫別人跟自己一樣步拍？如果有人讚他們是誠潔與善良，那些人不是無知又是什麼呢？

《道德經》第二十五章云：

「故道大。天大。地大。王亦大。域中有四大。王居其一焉。」

這裡的「王」字，是指人，是指有管理權和智慧的人；當四域肯定了後，人在其中，是最重要的一元。「人」是擔當主管宇宙的一元。

　　道雖大，天雖大，地雖大，萬物雖眾，但如果宇宙沒有人類存在，它們都是在空蕩蕩地旋轉和運作，只是「無名天地之始」而已。

　　「能量」是萬物的主宰；「人」是萬物的主管。

　　宇宙中萬物的運作，那一樣可脫離能量的主宰？人類社會中的政治、經濟、文化、科學等，那一樣可以不要人去主管？因此，人盡其才、物盡其用，按勞分配，同舟共濟、共享太平，是人類主管宇宙的永恆不變的方針和方向，永遠不可動搖！中國聖人正提倡世界共同體，實現人類和平大同。

　　記得有位政治哲學家說過一句這樣莫名其妙的話：

　　「壞人死了，固然不要緊；好人死了，地球也不會停頓。」

　　人類的生和死，與地球旋轉，完全扯不上關係；這種混淆視聽的哲學家，即所謂詭辯家，在今天社會中大有其人。歷史證明了這種人主政，國家經濟一團糟，誤盡蒼生！但中國還有好些誤信邪說，用以拖延中國向前邁進！

　　老子教導人類，要體現人的主管宇宙的地位，必須堅定不移地遵守此一金科玉律：

　　「萬物莫不尊道而貴德。」

　　人類根據此一原則去推行公民教育：

　　「修之於身。其德乃真。修之於家。其德乃餘。修之於鄉。其德乃長。修之於國。其德乃豐。修之於天下。其德乃普。」

　　這是一個教育進程表，大家切勿誤解「德」只是局限於社會倫理道德。比方「其德乃真」這一句話，「真」字的涵意包括道德、學問和身體。一個身體健康，知識豐富和品德優

良的人，他的修養才達到「真」的地步；舉一隅而三隅反，「其德乃普」的「普」字是什麼內容，也就易知易瞭了。

人出來為社會辦事，老子又教導那些人，要做到如此立心立志：

「貴以身為天下者。則可寄於天下。愛以身為天下者。乃可託於天下。」

社會活動是反覆多變的，人怎樣去適應此一挑戰性的情況，老子要求領導者要經常恆守：「絕聖棄智」。絕聖是指人要時刻追求進步，不要驕傲自滿，操練自己的知識、品德、意志、身體接近生活現實；棄智，是要求人在任何時刻都摒除僥倖和投機取巧之意念，誠心誠意服務社會。

無數《道德經》研究專家，錯解此語，誤盡自己誤盡他人！敬請他們讀讀第四十八章：

「為學日益。為道日損。損之又損。以至於無為。無為。則無不為之矣。」

老子一再教導人類要時刻本着「聖人無常心。以百姓心為心」去貢獻社會，在此過程中，要運用此一哲學思維方法去掌握生活現實：

「故常無欲以觀其妙。有欲以觀其竅。」

人類能做到如此，生活中那還會有失誤嗎？

「天之道。不爭而善勝。不言而善應。不召而自來。坦然而善謀。」

老子所指的聖人，並非單指國家領導人，而是指領導者。團體、集體，無所謂大小，總得需要一個領導者；任何一位領導者，都能按老子所教導的去做領導工作，他們全是聖人！他

們均能善勝、善應、善謀！

只要老子的哲學思想為中國領導人掌握，普及到全民，中國的人權、自由、民主肯定必然超過西方。實踐是檢驗真理唯一標準；老子是全人類永恆聖人，《道德經》是全人類唯一哲學經典，中國是全人類哲學課堂！

西方的政治家可以拭目以待，您們無須操之過急，停止您們的人權、自由、民主干擾中國經濟和百姓；東西方進行和平競賽，您們的西方肯定稍遜一籌。不過，中華昌盛，有百利而無一害。中國人永遠以德報怨，體現永恆真理；世界沒有中國人，就沒有公平的公理！

中國的水，是向東流；但中華文化却向西行，擴大恢復海陸空的絲綢之路，使全人類共享永久幸福與和平！

不亦樂乎！

主管宇宙萬物的，永遠是人。

中國進入春秋戰國時代，中國小農經濟傳入愛琴海，使愛琴海國家由游牧社會進入小農經濟。因孔子思想傳入愛琴海各國地區，使該地區經濟和文化脫胎換骨空前超過世界其他地方，反映中國文明首次帶給人類和平與幸福；這是第一個中國文明輸歐的驛站，其後改變為意大利羅馬。中國文化恩普世界進一步擴大，然而却引西方宗教的傳入，對中國文明產生抗拒和瓦解的作用，可説以怨報德。1842 年鴉片戰爭，使中國陷入殖民地慘況；1899 年西方戰爭經由中國開始向世界擴展。道主儒輔的社會共同體成為一顆世界止痛餅，如此政制將帶西方史無前例回應。「道主儒輔」不但使中國永恆富強不衰，並連鎖世界人類邁向人類世界大同。

1996 年 10 月初版《只有〈道德經〉能夠救中國》，將改名為《只有〈道德經〉能夠救世界》。這是中國道教協會第六屆會長閔智亭道長在 1993 年 9 月北京羅天大醮於白雲觀會堂建議修改的書名《只有〈道德經〉能夠救世界》，才能名副其實。

（八）唯有《道德經》才能徹底解決人類貧窮問題

《道德經》曰：「聖人為腹不為目」，一句話永恆解決了整個饑餓問題，解決百姓根本生活問題。解決溫飽後，要解決的是如何進行生產，跟着怎樣恰當分配，最後是如何供應不斷的問題。所以要做聖人，「後其身而身先。外其身而身存。非以其無私邪」，若能如此，稱之為「慎終如始。則無敗事」；好聖人也！人民無憂。

中國漫長歷史，未見一人說得比老子更好！

還有更警惕世者言論嗎？《道德經》第七十七章：

「天之道。其猶張弓乎。高者。抑之。下者。舉之。有餘者。損之。不足者。補之。天之道。損有餘以補不足。人之道則不然。損不足以奉有餘。孰能以有餘奉天下。惟有道者。是以聖人。為而不恃。功成而不處。不欲見賢也。」

請飽讀詩書，博覽中西，而學貫宇宙的人，有誰提出更高明的言論？誠心接受指點是何人何書？要認真洗耳恭聽並細讀上述章節，並緊記在心。

1848 年馬克思先生的《共產黨宣言》高舉為解決社會根

本貧窮問題要採用永恆鬥爭的毅力，把它打得落花流水，全體窮人群起群力鬥爭，而要掀起一場徹底革命而取得政權。馬克思革命理論，認為鬥爭是社會革命永恆。

要解決中國貧窮問題，孫中山先生提出和平土地改革。蔣介石先生失掉大陸政權才在台灣推行——「白日依山盡，黃河入海流。欲窮千里目，更上一層樓。」蔣老先生唯後悔終生。

相信西方學者馬克思先生固然不懂《道德經》，孫中山先生亦無知《道德經》。結果各有不同的表現，收到不同的效果。必然當然無知孔子的「錯而能改，善莫大焉」。

鄧小平先生、習近平先生兩者前後均洞悉《道德經》。見解出類拔萃。

《道德經》第七十七章「損有餘以補不足。人之道則不然。損不足以奉有餘」。「有餘」、「不足」是指什麼？老子運用科學唯德唯能哲學思想客觀提出社會之大問題只不過包容兩種人，一種是有餘者，另一種是不足者，只要和諧、協調解決這兩種人，社會人類什麼問題也就全都解決了！永遠平安無事，國泰民安！

「損有餘以補不足」，對「有餘」者要強迫性地損；「補」亦強迫的去照顧幫助不足者，「損不足以奉有餘」；對不足者亦要他們負社會責任。社會責任全是「稅」和必須應負社會責任貢獻。這樣兩者「知須」而盡力，「知要」而不辭辛苦。社會彼此和諧、協調「老死不相往來」。

這一經濟運作的永恆，完全以「道治」為基礎。「道可道。非常道」，是永恆性主導和不絕。達到歡樂生存的理想政制，這徹底解決貧窮問題的完善完美政制。

道德為宗永治本　推崇馬列掃門庭
人民擁護政制好　政府宣傳道德經

（九）「道可道。非常道」隨着事物發展而跟從永恆

　　《三國演義》羅貫中先生在書中總結中國歷史貫徹儒家思想而出現分久必合，合久必分。所以孔子功勞蓋世，然而後患無窮，相信也是千古定理，尤其是「道主儒輔」成為人間理想政治、經濟政制的必然，更加以功能萬古常依，政通人和，邁向世界和平大同橋樑，億萬戶同歌並頌。

　　洞悉「道可道。非常道」者，能知過去未來，辦事能施能糾能應變，人民感恩戴德度年如日，妻賢子孝，社會秩序世界歷史所無，人類逐步向：「甘其食。美其服。安其居。樂其俗」，世界大同生活；達到演證：「孰能以有餘奉天下。惟有道者」！永恆反映《道德經》是永恆指導人類生百科全書，宇宙人間天書。

　　陳子自 1986 年接觸《道德經》此真理持續而追求至今，堅信《道德經》必能解決人類萬難萬變，是全人類唯一政治、經濟、文化、生活、道德指導哲學經典，與宇宙人類共古並存。

　　儒家思想拖累唐朝拋棄道家思想而衰退，帶來殘唐五代的局面而過渡到儒家思想統治的宋朝。宋明理學成為儒家輓歌。宋高宗怕岳飛滅金而回國，本人不能登皇位而借秦檜殺岳飛，將儒家思想江山送給蒙古人這外族。

　　宋朝“半本《論語》治天下”的驚人宣言，以為儒家思想可救中國，使宋朝比唐朝更強日子出現，豈知引起宋明理學的

出現理學的發酵。宋明理學成為儒家思想的必然突變輓歌。明朝是衰落的朝代，與宋朝同樣命運，使江山落在異族手上，深遠影響中國漢族政治、經濟、文化而人民生活顛沛流離，走向脫胎換骨變遷，反映時代痛苦必然到來，亦預示一個破天荒大衰敗無所適從時代到來。

孫中山領導的辛亥命 1911 年成功，蔣介石 1949 年結束中國大陸政權後而死於台灣；留下頑抗的台灣蔡英文幻想叛變中國的政權。

鄧小平先生世界偉人，改革開放救了中國，亦救了世界；世界進入邁向理想政制的時代。中國共產黨結束革命時代，中國進入和平演進世代。永遠結束革命時代，發揮中國拓展世界大知大明的原動力，道家思想在其璀璨的成績表中，揭示「道主儒輔」的理想政制在和平政治發展演進。「道可道。非常道」，與中國人智慧相結合，政通人和，「甘其食。美其服。安其居。樂其俗」的民生必然到來。中國永遠政通人和，國泰民安。永遠告別受蹂躪、受害、受屠殺、受姦淫擄掠時代。

「道可道。非常道」永遠策勵中國領導人自動貢獻，「後其身而身先。外其身而身存」，時刻謹知識屬行「貴以賤為本。高以下為基」，以達到「無不救之人，無不救之物」。終生歷代政治家忠於此政「利而不害。聖人之道。為而不爭」；「長短相較。高下相傾。音聲相合。前後相隨」；聖人本着「萬物作焉而不辭」，事事永無難而易成。

聖人辦事，先立心「上善若水。水善利萬物。而不爭」，而能堅守「言善信。正善治。事善能。動善時。夫唯不爭」，故樣樣易舉完成而莫能與之爭。

　　事業有了成功成績，時刻緊記警惕「金玉滿堂。莫之能守。富貴而驕。自遺其咎」，到年紀適當，要知「功成名逐身退」，此是必守「天之道」。

　　聖人辦事終生成而無爭，掌握知識達到：「微妙元通。深不可識」，也就「絕學無憂」了。十年文革唯永遠消失無跡。政通人和與民相合萬代永恆。

　　聖人能到境界，「為而不爭」，那麼困難何在何有？聖人時刻「道可道。非常道」，萬事迎刃而解。天下無難事，「萬物將自賓」。

道家料事尖而準　國事經營豈困難

（十）「為而不爭」是檢查國家領導者政治措施的政策正確與成效

　　「為而不爭」的意思，表示進行、處理、辦理任何事情均掌握其規律，而任何事情均迎刃而解而成並完善完美，全不擾民傷民勞民，民均樂意傾力而為。則謂之政通而人和，無往不利。

　　要掌握事物的規律，首要懂得進行思考而找問題。「常無欲以觀其妙」，經常抱客觀態度去靜觀事物的變化；事物千變萬變不離其宗。跟隨其變的踪跡找到事物變的規律；「有欲以觀其竅」，在事物的變化找到其變化經常規律性。事物的「妙」和「竅」找到了，也就天下無難事，盡羅盡釋盡知盡解全在一本《道德經》中。**「晨早當思謀生計，閑時應讀《道**

德經》」。

　　任何事物變化發展存在兩面性，美與惡、善與不善、「有無相生」、「難易相成」，政治與民生相和，並保持與時並進，此謂之「理想政制」。無往而不利，處處受民所愛。

　　任何事物皆受時勢和事情的局限性，必須及時修改，反映政制要適時合勢利人，萬事亦得易解無難。並時刻緊記：「錯而能改，善莫大焉」，永遠是聖人守則。

　　「不爭」是指推行政通人和，人民受利受益而無怨言並從容共舞齊笑。此情此景謂之「為而不爭」。政通人和，社會生活政治從何而來？政通人和，家家溫飽，「老死不相往來」。

政通四達民心處　　全靠人和顯神通

（十一）《道德經》理想政制無不救之人，無不救之物

　　一個制度如果是理想完善，有益任何一位國民，稱之為「無不救之人」，無不滿意不接受；對任何物均合理發揮其用，此謂「無不救之物」。換句話說，是無廢人無廢物。人盡其才，物盡其用，人才與物用結合無縫。人喜物，物應用於人，此情與用合一無縫無間。

　　理想制度，對人民完善照顧，人民自然明白去保護此一理想物質組成的社會。

　　國家人民完全相依相存，國家永納民意，按其要求執行發展，稱之為「政通人和」。政通人和恩德無邊，人民無不投報

獻功。人民與社會永恆結成一體，此鐵固江山。

國家人民均共同合理生產物品，種植所需，當然就不會濫而廢。使用和種植及存留保持三者統一，當然也就「無不救之物」了。

一個愛物惜物社會，必然是個珍惜物資人民合一所使然而必然。

《道德經》曰：「治人。事天。莫若嗇」，「嗇」指的就是指節約節儉。勤勞檢樸治家治國事天，社會井然無阻無碍順暢運作，天下太平。

順乎天地，順乎人情，天下必然大治，國泰民安；「甘其食。美其服。安其居。樂其俗」的美好生活必然到來。如此生活，百姓自然而然，彼此「老死不相往來」無邊。人、物、社會，三者有機結合為一，善哉天人合一也！

政治與人與社會，渾然一體，稱之為無不救之人，無不救之物，非完善政制而無不能。

道學顯奇無為治　全民得救物盡勞

（十二）「道主儒輔」是宇宙世界中唯一理想政制

「人之初，性本善，性相近，習相遠。」

人之好壞，與「習」有莫大關連。從下面故事也就一清二楚。

明朝明太祖朱元璋，見大皇兒欠決斷和毅力，經常想知父

皇為什麼要殺皇親及大將。

太祖叫下人取來一根荊棘，叫太子執緊荊棘，他突拉太子手上荊棘，太子大哭鮮血淋漓。

叫太醫止過血；然後喚太子再換另一根荊棘，然後照樣一拉，太子大笑。「你明白了罷！把刺去掉，不是對你無傷嗎？你還可以之鞭打他人並保護自己！」

太子心領神會，再無過問殺皇親大將官員事。

李宗吾寫《厚黑學》教人；相信好壞參半。

陳子則用《道德經》第二十二章告世人，即聖人、常人、眾人永遠效勞國家民族，請拭目待讀待看待評。

《道德經》導讀第一篇：

道德五千言　　讀者過千億

著者萬萬千　　白痴知用益

精讀細推敲

知、用、效是檢查任何一個理解《道德經》與否尺度。

1955 年香港香島高中畢業，因信馬列主義可解決社會貧窮而追隨回國升學高校。認真讀了三個月，並非想像那樣理想。決心為民族找到真正解決貧窮的哲學。

旅英十年，確認西方亦同樣無法解決社會貧窮問題。

1986 年在粉嶺接觸了老子《道德經》第七十七章的內容，原來其能解決社會問題是《道德經》七十七章：

「天之道。其猶張弓乎。高者。抑之。下者。舉之。有餘者。損之。不足者。補之。天之道。損有餘以補不足。人之道則不然。損不足以奉有餘。孰能以有餘奉天下。惟有道者。是以聖人。為而不恃。功成而不處。不

欲見賢也。」

這一章的中心問題，是對「損有餘」與「補不足」，兩者連鎖關係的解決社會根本問題。聖人能解決此社會根本問題，社會問題完全解決，也就「政通人和」隨見國泰民安，歡樂家家。

西方資本主義，以欺騙打擊自由、民主的彼此矛盾與鬥爭及關係，直到同歸於盡，是欺騙政制。其他政制美其名解決貧窮，但階級鬥爭如影隨形，永無了期。它們都不是理想政制；事實已經作了證明。能敢於面對此唯見鄧小平先生。他的白貓黑貓，是世界上唯一洞悉《道德經》唯德唯能的哲學思想，生動淺白闡述了《道德經》唯德唯能的互相關係，是第一個現代洞悉老子《道德經》，並提出永恆促使向前發展的方向性觀論──改革開放天才政策。

文景之治，若能繼續，漢朝不會出現漢獻帝；唐朝貞觀之治，若能堅持道治，那會有殘唐五代的局面？由漢朝或唐朝均起始超世紀進步，世界誰能倫比！

歷代帝王虎頭蛇尾，造成天下大勢，分久必合，合久必分地重複循環。帝王的虎頭蛇尾，加上儒術統治地位；陳子讚孔子：孔子功勞蓋世；然而後患無窮。儒家開拓世界文明，但其後患延綿，除非將道儒結合作「道主儒輔」，以道學指導儒政，永恆發展貫徹始終，中國永恆國泰民安。是宇宙人類最完整政制，可經實踐檢驗，千錘百鍊，真金不怕洪爐火。唐朝道家受拖累，致五代殘唐，宋朝完全由儒家專一統一統治，江山送給外族。

道家思想在中國歷史出現璀璨光輝的時代，但為儒家驚

恐，很快被扭轉和拖下來。唐朝的盛世出現殘唐，儒家來勢提"半部《論語》治天下"。將宋朝的天下害得更傷更壞，奉送給外族，足以證明儒拖累道的影響。

外族橫蠻的統治，中國漢族民族思想更頹廢，促使明朝推行東廠西廠和嚴嵩政治，加上基督教傳入，民族思想更散渙，再一次將江山送予外族。信仰基督思想的想通過全面摒棄傳統信仰，就可登上世界列車，與西方並駕齊驅。全是妄知和白痴之徒。外教思想更一步加深擴大，帶來太平天國和辛亥革命，採用基督思想立國。

1784 年西方工業革命更令中國人饑不擇食，中國道家、儒家傳統思想蕩然無存。

戰爭的傷害使西方找到中國道家思想興邦，啟發中國重視老子《道德經》。道家思想因此又在中國興起。中國有段時期羞笑他人，清朝後中國人為了救國興邦，飢不擇食地什麼都放進肚子，溶化血裡，不管它害處多少，後患如何，一切以西方為標準，一切以西方為定義。是思想盲目黑暗時期。世界一切哲學、主義、思想全屬救亡措施，問題一經解決，此解決主義、思想、哲學也應就宣佈過時失效。

經 1986 年對《道德經》認識，醉心研究，許願：「**但願誠心寫道德，何須着意做神仙。**」接着寫了一本《只有〈道德經〉能夠救中國》。

將中國歷史反芻研究，要中國永恆強盛不衰，唯一理想政制是「道主儒輔」。什麼叫「道主儒輔」？道家即道學，是以老子《道德經》為指導思想；儒是儒家亦即儒學，甚至包括所謂新儒學在內，為輔，是指在道學思想指導下去輔助道學維

治國家。道是能量統稱，能量為萬物的發揮，兩者共稱為道。能量運作即道的運作是科學而有規律的運作；人類的生活運作完全選用有利的一部分運作日常生活，認識一切。儒學是人類社會人類運作的哲學，它們在道學指導下服務人類，把非科學的東西拋棄不用。這樣儒家思想的實用，在道家科學指導下受用，永無錯誤。道家科學規律與儒家實用哲學結合，構成永恆正確無錯發揮，服務人類社會，一切也就無誤無錯地進行，組成無錯正確政制，是人類天衣無縫的政制！這種「道主儒輔」兩者組成，而以道學哲學思想指導的宇宙唯一選無可選的完全理想政制。加上實踐檢驗真理唯一標準時刻檢驗，而用選優棄廢也就百對而無一錯的完整完善政制了。

　　「道主儒輔」在中國取得萬用萬應無敗的實用價值，變成全人類實用政制，天下「惟道是從」！中國實踐「道主儒輔」的成功，促使全人類「惟道是從」！人類自然邁向太平。中國人是世界文明拓展者，亦必是世界大同啟導者，可為道為了擺脫資本主義的必然衰亡而掀動世界免投入他那戰爭政策圈套。

　　道者天下共尊而先有；儒者生活不能共無；「有無相生」，萬世不絕不盡！受全人類接受。全人類歡呼「道主儒輔」，融和混合人類細胞永遠成為恢復凝聚已消失的力量再重建。

　　「道主儒輔」，是全人類未來政制藍本。

　　中國人是神仙的至交，所以能知過去未來，成為世界文明唯一最早拓展者，根本智慧反映在神農嚐百草；四大發明、古代預言家、華陀、諸葛亮……近代偉人毛澤東的小米加步槍取天下，鄧小平貓論救了中國，啟導了世界未來，改革開放通達

中國未來理想政制；習近平世界共同體，弘揚天下莫非王土，全人類世界大同！天命註定要中國人才能認真無懈無畏地繼承鄧小平改革開放，發展習近平一帶一路，世界共同體和諧融和發展優越無誤理想政制。

總結一句，永恆真理「實踐檢驗真理唯一標準」！

陳子常言：「**天下無不騙人的人；無不騙人政治；無不騙人宗教；無為則無騙。**」無為是指聖人全面顧及、維持、保衛建設、發展人民利益。中國大治，世界大治。普天之下共為王土。

另者，理想政制，天下所為，眾人所為，萬物頌歸。無分聲色，天下一家。

誠問誰能永恆保持繼續不變？天下永無一人能知其奧秘，唯天書《道德經》老子！《道德經》永伴身邊而腦裡。

「天下皆知。美之為美。斯惡已。善之為善。斯不善已。」

這告訴世人「天下無不變的事物」！人人要以《道德經》為指導，督導自己和其他人服務人民。

「希言自然。故飄風不終朝。驟雨不終日。」

《道德經》第七章卻說：

「天長地久。天地所以能常且久者。以其不自生。故能長生。」

這反映事物是可以「常且久」的，奧妙全在「不自生」！

世間為什麼「無不騙人的人、無不騙人政治、無不騙人宗教；無為則無騙」呢？只要知道自己是中國人的人，應時常推敲它永恆真理。

「無為則不騙」，是說無為「**不自生**」，而順乎道的自然；萬事萬物只發展而不變壞變盡變末落，而稱之不變！

為什麼「**不自生**」，而就只發展延續而已。

《道德經》第二十二章，是為政者不可不讀的一章；歷代統治之所以失敗，他們均白痴於此一章！鄧小平先生救了中國啟導世界，指導全人類，相信是想通洞悉此一章內容，不然，豈能總結道德完全於貓論：「不管白貓黑貓，捉到老鼠就是好貓」！做萬事萬物是為人民，此是好貓，永遠是為人民好人。

毛澤東先生是個置《道德經》於股掌中偉人，戰勝蔣介石先生八百萬大軍，縮避台灣才後悔無知土地改革而後行！老死台灣，可貴者，還望有日屍體回歸故鄉。可惜毛澤東先生評《道德經》為「客觀唯心主義哲學」，臨老還錯揹「十年文革災難」，枉死無數精英！因中國偉人毛澤東先生不洞悉《道德經》！

鄧小平先生救了中國救了世界！以貓論為哲學思想基礎提出「改革開放」！40年成就，足以証明它是通行世界理想政制的大道！

《道德經》第二十二章全文：

「**曲則全。枉則直。窪則盈。弊則新。少則得。多則惑。是以聖人。抱一以為天下式。不自見故明。不自是故彰。不自伐故有功。不自矜故長。夫惟不爭。故天下莫與之爭。古之所謂。曲則全者。豈虛言哉。誠全而歸之。**」

天下事無論怎樣曲、枉、窪、弊、少、多複雜，在此六種複雜面前，主要解決問題的關鍵為「抱一」思維，找到其統一性、共同性，及彼此連鎖性；聖人需要的是其演變的全、直、

207

盈、新、得、惑；從此六方求取其統一性和共同性一切也就解決，接着是守持和發展；在此過程中要永恆不失不敗，時刻切戒的「不自見」、「不自是」、「不自伐」、「不自矜」，此四點總目的、總尺度是完整無缺總反映「不爭」。「不爭」是指事物成功真善美，巧奪天工！聖人、神仙的作為。

「曲則全」，是全事成功完善的核心，要緊緊掌握此點勿放勿鬆勿大意。

「但願誠心寫道德，何須着意做神仙」反映陳子自1986年認識《道德經》後決心，要洞悉《道德經》盡告中國人，盡告世人，毫無保留。

願神州下一代置《道德經》於股掌，中國也就億萬世而無衰，全人類邁向大同。

誰是永恆唯一「為而不爭」第一聖人，誰是永恆宇宙人類「利而不害」天書？

中國老子《道德經》！誠全而歸之！

道德普天下　　人間無妄凶

（十三）《道德經》對宗教觀點

宗教是一原始問題、民族問題、信仰問題，更是一社會大問題。

宗教向由統治者促使和約束，共是約束手段和方法各有不同。

從客觀評估，中國宗教比任何國家民族自然而自由。西方

宗教存着強烈宗教排他性；而中國宗教完全無排他性，且看，不少中國，以香港為例，在世界各接觸信奉西方宗教，他們回到家鄉鄉民並無排斥的舉動。

世界上如果有鬼神，其實它們全無思維，怎可產生排斥意念。其實神全由人類擺佈有憎恨感情。人擺佈鬼神，反映人創造鬼神，但西方宗教極力反對此一事實，偏要信者信鬼神，主宰人類創造人類。

請大家理智讀《道德經》的兩句語句，也就可知其觀點如何！

「無名天地之始。有名萬物之母」

無名天地開始，這完全是事實，因人類未出現，無語言表達鬼神的存在！「有名」指人類出現賜萬物之名稱！足見宗教產生於人類出現後。說人創造鬼神，人創造宗教完全無錯。

《道德經》核心是談能量主宰宇宙，而絕對非鬼神，人間內一切鬼神均由假設、描述和誇張、擺佈，喜怒哀樂全由人刻劃。

陳子向來主張天下宗教統一，如何統一？統一關鍵是去掉一切排他性，統一也就一步登天，齊高呼基督教萬歲、道教萬歲、回教萬歲、佛教萬歲，從此任何宗教的神均萬歲。那麼還何爭之有？諸天神佛，均受人無比天天尊重，鬼神照正常均歡天喜地盡其能，保佑世人！但有人利用宗教排斥和侵略為害別人，無知鬼神會否懲罰此種人？如果會，為甚西方仍然如此不改？今天西方每況愈下，天災人禍！如果是真，敬請錯而能改善莫大焉！

宗教聯盟修善德　天堂盡是好心人

（十四）《道德經》是世界上唯一戰無不勝天書

陳子由 1986 年接觸《道德經》，苦心鑽研此一人類唯一戰無不勝天書，將中國一如既往而至將來發展拓展世界文明精神，不獨造福中國，並拓展全人類，而承傳中國傳統以德報怨的精神，永恆偉大精神貢獻人類。

以《道德經》智慧總結人類總實況而發揮人類觀點與包涵：

「世界無不騙人的人；無不騙人的宗教；無不騙人的政治；無為則無騙。」

「無為」是《道德經》永恆不敗的核心；相信歷史以來相信而理解者不會多於百分之五人！

不少世人，將「無為」理解為「道法自然」，理解方向是正確的，但什麼叫「道法自然」呢？確鑿者不多，因此「無為」錯解。

要理解《道德經》，必須由第一章「道可道。非常道。名可名。非常名」；認識道是能量統稱，通過無欲客觀，結合有欲的主觀，以達「絕聖棄智」，遵行「曲則全。枉則直」原則，時刻以「將欲取天下而為之。吾見其不得已。天下神器。不可為也。為者。敗之。執者。失之」克制自己；修為達到「不出戶。知天下。不窺牖。見天道」；在治國時謹守「治人。事天。莫若嗇。夫惟嗇。是謂早服。早服。謂之重積德。重積德。則無不克」，在此基礎上，運用「天之道。損有餘以補不足。人之道則不然。損不足以奉有餘」；以達經得起考驗，而達「受國之垢。是謂社

稷主。受國之不祥。是謂天下王」。而完全反映「天之道。利而不害。聖人之道。為而不爭」相結合，時刻緊記「貴以賤為本。高以下為基」您永遠是偉大的領袖，歷史榜樣聖君。平常人，必位居諸葛軍師，有過之而無不及。完美完善政治意念，治國必國泰民安，政通人和。

全人類政治失敗，總觀點、總原因是以「政治人生」為指導，而不以「無為」為永恆不變指導，謹遵《道德經》全書核心思想治國治人事天（自然）的「無為」。

「無為」之治，永恆是戰無不勝而永恆不敗的核心道理。

「無為」則「無不為」，無所不識，無所不能，無所不通達全書的總綱。

歷史上文景之治、貞觀之治、開元之治充分反映道治無為的成就政治和朝代事例。可惜為儒家孔子後學以儒害道、以儒阻道等等害國害民行為。

現代代表人物：

毛澤東先生運用《道德經》戰勝蔣先生；鄧小平先生運用《道德經》智慧提出「不管白貓黑貓，捉到老鼠就是好貓」，提出改革開放永強國富民政策，指導中國影響世界。習近平主席的世界共同體，是擊破西方封鎖中國的好策略。

他們成就是前無古人，後無來者，應普及《道德經》教育，置股掌之上，《道德經》是戰無不勝天書，其光輝永恆照耀宇宙、世界、人類前路，尤其中國人的前進道路！

以上十四點《道德經》，是聊表寸草心的見解，寄警中國為政者，永遠「無為而無不為」，而全民：

晨早當思謀生計　閑時應讀道德經

中國永恆國泰安，政通人和。

（十五）《道德經》觀點說鬼神

《道德經》第一章：「無名天地之始。有名萬物之母」；接着第二十五章説：「……故道大。天大。地大。王亦大。域中有四大。王居其一焉。」

人的偉大主管天地，毋容多言於人！且認真討論和認識鬼神。談起鬼神難免勾起心裡悲切。

母親新界孔嶺河壩農家女，精農細耕，日治時期，大家庭渡過饑餓，也許因辛勞早逝；於 1949 年夏天去世。陳子僅十五歲。淚水一場復一場。曾撰聯輓母：

娘親早去世　兒子永思懷
親恩何處報　唯一靠兒孫

因認為祭祖並非迷信而是公民教育。自精讀《道德經》，對鬼神謹提新見，討論其價值，應如何棄留民族傳統精神。

根據《道德經》觀點，探討其社會價值。

《道德經》對鬼神四大觀點，請評價如何？

1. 對鬼神有無的見解

對鬼神有無，爭論早已相持，旗鼓相當；常見於市井、書

報，始終是難解難分。下面引用《道德經》第六十章，敬希讀者評論分析，鬼神有無，《道德經》怎解是什麼？

「治大國。若烹小鮮。以道蒞天下。其鬼不神。非其鬼不神。其神不傷人。非其神不傷人。聖人亦不傷人。夫兩不相傷。故德交歸焉。」

在此章提「鬼神」二字，到底鬼神兩者關係如何？怎樣認識關係，其所指是何？

請再讀《道德經》第四十章

「反者。道之動。弱者。道之用。天下萬物生於有。有生於無。」

這裡的「有」和「無」相「生」是指什麼？

中國落後完全由儒家後學造成！不信，且看中國湯商時代是驚人的創造，名稱「商」反映社會進步驚人！周朝亦並非衰落！就說夏朝家天下，亦進步非常，因為當時尚未有儒家。

伏羲氏八卦是世界科學鼻祖，反映人類天才標誌，《易經》發揚八卦精神，《道德經》老子將八卦和《易經》科學合流，將中國科學思想推到人類高峯；但孔子只洞悉社會論理而無知「天之道」即能量學說。孔子的"克己復禮"固然反映其不明天道故提出"克己復禮"。其實"克己"的原意是反映孔子不明「天之道」是何物，因此要自己克己而勿亂說亂動，而要繼承發揚周朝之禮；可惜其後學用以克制道家，歪曲了孔子的真正原意，造成儒家抑制道家、阻礙道家、抗拒道家。儒家拖中國進步的腿，帶來緩緩發展而落後！中國落後，是由孔子儒家造成！

到了宋朝開始，提出"宋明理學"；反映儒家要進行改革。

這是否鬼有無的解決觀點？

2．鬼神有無的好與壞

　　無神論者説鬼神是惑眾邪説；有神論者，舉出萬千事例證鬼神必然有，無神論者要例證，其實兩者亦找出實例；不過以事論事，有神論日常生活事例萬萬千，而無神論者只要求有神論者舉個實例難到無神論者而已。其實從「**萬物生於有。有生於無**」的角度説；有神論和無神論兩者相爭難於定高下；其實説「人創造鬼神」，雙方不得不停止下來。

　　鬼神無法現身，造成兩者爭論無止無休，相信到世界完結，亦不分勝負。唯有堅持「人創造鬼神」，雙方衝突才能夠停止。

　　説鬼神無有何好壞？

　　對任何不明或神秘因素無須驚壞，從科學角度去追究；但亦將不少優秀傳統忽略和拋棄。「人創造鬼神」可和解兩者下來。

　　孫中山先生「辛亥革命」和「五四運動」，造成文化思想損失驚人。

　　説鬼神有而其有何好和壞？

　　保持社會安定，社會改變緩慢，有追不上時代的感覺。這全是儒家造成的結果，而非道家。

　　中國能夠拓展世界人類文明全靠儒家思想；所以孔子功勞蓋世，然而後患無窮，害了中國！

　　儒家是中國珍貴倫理思想；這一珍貴瑰寶，必須與道家思想相配合，成為「道主儒輔」變成為人類理想政制。這將天道

和人道合一，稱之為天人合一！

　　「道主儒輔」以道家能量主宰天地世界的科學，中國傳統思想指導儒家社會倫理思想，兩者結合，天衣無縫！

　　「實踐是檢驗真理唯一標準」，在實踐過程中，必然反映「道主儒輔」是全人類最理想政制。

　　世界上根本找不到比「道主儒輔」更理想政制！

　　如何正確認清鬼神的有無，留待第四項「人創造鬼神」論述和討論。人創造鬼神是永恆真理，以它為指導人類可完全解鬼神有無的爭拗。

3.《道德經》中對鬼神觀點探討

　　中國太平天國革命、辛亥孫中山先生革命、五四運動，全都促使中國人進一步忽略自己本身早已存在的科學道家思想，而錯誤地向西方落後與進步混合即錯誤思想看作完全科學學習。西方的混合思想實質全部學習中國而中國思想發展，帶給中國人民災難，直到 1949 年新中國成立才告一個段落。

　　文革十年災難，是偉大毛先生不洞悉《道德經》而誤評為客觀唯心主義所造成。

　　鄧小平先生洞悉《道德經》，反映於「貓論」而提出「改革開放」。習近平主席繼而發展提出世界共同體，一帶一路。中國富強必然到來，反映於政通人和，國家富強。

　　至於科學思想，全面反映在《道德經》中，由第一句「道可道」到「聖人之道。為而不爭」，無一不是科學真理。可惜，能破讀《道德經》者有幾人？

　　第一章中：

「無名天地之始。有名萬物之母。」

反映人類出現前，天地無名，人類出現後，萬物皆由人類賜名。試問有誰知如此解釋以此完全否定神創造人？如果有人如此理解此語，明朝時利瑪竇豈能輸入基督教（天主教）嗎？當然無 1840 年鴉片戰爭，賠款割香港！並且辛亥革命、五四運動亦無！抗日戰爭亦不會發生。中國亦執牛耳！國泰民安，政通人和。完全可肯定，中國人先上太空，也許早西方以世紀計。

無神論者以看不見摸不著提不到去駁斥有神論者，並責以迷信。

《道德經》第十四章出如此問題：

「視之不見。名曰。夷。聽之不聞。名曰。希。搏之不得。名曰。微。此三者。不可致詰。故混而為一。其上不皦。其下不昧。繩繩不可名。復歸於無物。是謂無狀之狀。無物之象。是為恍惚。迎之不見其首。隨之不見其後。執古之道。以御今之有。能知古始。是謂道紀。」

雖然視、聽、搏此三者雖然「不可致詰」，「是謂無狀之狀。無物之象」，但可「以御今之有」。似乎否定無神論之理！鬼神的存在與否，不可如此簡單否定！

《道德經》第二十一章：

「孔德之容。惟道是從。道之為物。惟恍惟惚。恍兮。惚兮。其中有象。恍兮。惚兮，其中有物。窈兮。冥兮。其中有精。其精甚真。其中有信。自今及古。其名不去。以閱眾甫。吾何以知眾甫之狀哉。以此。」

此章指出道是「孔德之容」；道是能量統稱，鬼神應屬

能量範疇，應以能量去探討鬼神有無，才理解和認識鬼神。

《道德經》第二十九章：

「將欲取天下而為之。吾見其不得已。天下神器。不可為也。為者。敗之。執者。失之。」

似乎有一種神秘力量在擺佈「天下」（國家），其是鬼神嗎？不是，是什麼？

《道德經》第三十章：

「以道佐人主者。不以兵強天下。其事好還。軍之所處。荊棘生焉。大軍之後。必有凶年。」

這是報應嗎？抑或是其他原因。

報應有無？誰在主宰報應呢？

《道德經》第四十章曰：

「天下萬物生於有。有生於無。」

儻鬼神真無，不「生於無」，而無中生有嗎？

《道德經》第四十二章曰：

「強梁者不得其死。吾將以為教父。」

什麼力量，去命令「強梁者不得其死」？

是鬼神抑或其他？

《道德經》第五十九章曰：

「治人。事天。莫若嗇。夫惟嗇。是謂早服。早服。謂之重積德。重積德。則無不克。無不克。則莫知其極。」

這裡「事天」是否指鬼神？「重積德。則無不克」，誰在背後發揮積德功能？

《道德經》第六十章曰：

「治大國。若烹小鮮。以道蒞天下。其鬼不神。非其

217

鬼不神。其神不傷人。非其神不傷人。聖人亦不傷人。夫
兩不相傷。故德交歸焉。」

這章正面鬼神名稱，到底這裡的鬼神是指什麼？

鬼神肯定是有，由人創造了彼等名稱，但其存在形式是否
如俗人所說所言？人死變鬼神，鬼神是否有思維？俗人說鬼神
均有思想，所以鬼神可任意任為？這些問題留待下一項「人創
造鬼神」篇詳述。

4．人創造鬼神

人創造鬼神，驚動整個世界宗教，連本身是人創造鬼神
的中國道教，亦無驚恐和否定。反映中國人災難全來自西方；
把西方落後的思想，當作先進而囫圇吞棗，大讚人頭落地好快
刀，中國人多麼可憐多麼白痴！特別是1911年革亥革命開始。

人創造鬼神是百分百真理，但讚賞而領受者，到今天仍有
不少反對者。其實復興無神論者與有神論俱不對抗，完全合二
為一而天衣無縫！

無神論者，斥鬼神無實證而否定，《道德經》第二十一章
指出，看不到的不是沒有，「其中有物」、「其中有精」、
「其中有信」。此告訴無神論者勿魯莽勿主觀！同時千千萬
萬生活中實例亦反映偶然不斷重複應是必然的哲學原理。

無神論者錯與對皆且不言，起碼可指出，說無神論的理據
不足，與《道德經》相違。倘若能冷靜些，認同人創造鬼神如
何？

有神論者說：

「那暗角有隻鬼！」

陳子支持你説有鬼。

一個無神論反斥看不見，陳子亦支持你看不見對。

鬼神的存有説有則有，説無則無；不是更和諧而客觀全面嗎？

陳子曾見過高僧論鬼神。如果説寺後山有兇猛鬼神，誰敢單人夜間越過呢？高僧均不言，請本人提出意見。

陳子不愧言：

「信佛教者敢過。心有佛主，百邪不懼；信基督教者心有主耶穌百無禁忌。信道教者敢越，心中太上老君不怕任何鬼神。還有無神論者，悍然無懼，大步昂首踱過。

其實很簡單，怕者有，不怕者無。

如果世上人人堅信真理：「人創造鬼神」，鬼神由人創造，那有可怕之處？所以人創造鬼神是唯一最完善科學真理！

如果有一天，大家均信奉人創造鬼神，第一件大事宗教大融和大統一！世界和平大同，豈不樂乎！

《道德經》人類天書，無所不包，無所不談，無所不準，萬求萬應，有求必應。

（十六）和大怨，必有餘怨

秦始皇統一中國，偉大的人做出偉大事業，但他更有偉大眼光，明瞭萬世的將來，而秦始皇是一個佼佼者。中國因道家思想得不到暢順發展，而為儒家所取代。孔子對道家一無所知而僅知皮毛，但却很謙虛，提出等待指教的"克己復禮"。可惜統治者與孔子後學急不及待，將儒家與道家對立發展，造

成道家歷史由璀璨輝煌發展的政績却為統治者運用儒家將之腰斬，促使中國“分久必合，合久必分”的重複歷史，中國亦因此落後於西方，而飽受欺凌。

漢朝文景二帝，為漢武帝提供通西域的物質基礎，並鞏固西北國防和疆土。唐朝「貞觀之治」和「開元之治」；總之道治帶給國家強盛國防鞏固，而杜絕給西北小數民族靠掠奪過生活發生困難，不得不西遷，因而積宿怨與中國。

西北民族亦原有其敬祖尚宗習俗，但因通過西北沙漠，先祖落葬剎那，墳墓剛完成半小時，回頭不見新墳墓，使遠祖猶懷感情全無保留餘地。因此，祭祖感情也就因此轉弱甚至完全消失無存至公元 313 年羅馬帝國興起提倡基督教為國教。經公元 313 年一年推行強迫宗教強迫信仰而確立甚至影響全歐信仰的基督教。

西方政客看準歐洲移民的特性而煽動基督教的排他性。將人民感情和宗教兩者相結合，更加增強基督教的排他性。

1842 年鴉片戰爭，領導侵略者是鴉片販、教徒、指揮將軍亦教徒而三位一體，形成官兵無一不是基督徒！後來英兵能從塘沽打入中國，是由中國人教徒傳報消息。

中國是拓展世界文明的領導者，孔子儒家思想傳播完全不可否定功勞的事實。也必然是未來文明和平大同的啟導者。充分反映中國人一貫不改而繼續的民族，以德報怨對待任何民族，也許以彌補宗主國過程中不是之處。

中國人以德報怨的根據來自《道德經》的教導：

《道德經》第七十九章：

「和大怨。必有餘怨。安可以為善。是以聖人執左契。

而不責於人。故有德司契。無德司徹。天道無親。常與善人。」

中國人一直堅信「天道無親。常與善人」，因此孔子儒家社會倫理思想或多或少來自道家。反映「道主儒輔」必然在實踐中可找到人類理想政制，恩及全人類。

儘管如此，但西方宗教政客在其中不斷破壞和煽動挑撥，叫做死心不改，不過，「道主儒輔」優越政制，像一巨型平土機，一切政客將永枉作小人，而盡粉身碎骨於此平輾壓平路機下。世界和平大同是一股不可抗拒力量，反對者必然灰飛煙滅！

實踐是檢驗真理唯一標準，「道主儒輔」必在生活實踐中鐵證如山證明必是人類理想政制。

西方對中國的宿怨由秦朝開始至明朝永樂年後三保太監下西洋結束，西方大開拳腳向中國侵略直至今天仍未終止；儘管中國人堅持以德報怨，但西方政客仍無動於衷而不放棄，中國人永遠要警醒，在推行以德報怨同時，要時刻警醒西方，注意西方他們政客的野心；亦要時刻毋忘日本侵略中國，甚至全面徹底奴役中國人的野心不死。

（十七）《道德經》與改革開放思維兩者關連

《道德經》是人間世界唯一天書，無一哲學和主義理論可以較量，尤其是其長久性，可與日月同今共古而更非倫比。

鄧小平先生完全洞悉《道德經》，將其智慧聚焦於「貓論」，以「捉到老鼠就是好貓」一語，顯淺概括全面道出《道

德經》是唯德唯能的哲學人類唯一永恆經典。

他根據洞悉精髓行之有效而永恆長久無誤無錯的實用價值政策：「改革開放」政制，它指導中國不變走向國富民樂的將來。並啟導全人類走向大同。

《道德經》第七十八章內容全面闡述表達與改革開放政策天衣無縫。

1.《道德經》督導改革開放產生戰無不勝威力

《道德經》第七十八章：

「天下柔弱。莫過於水。而攻堅強者。莫之能勝。其無以易之。弱之勝強。柔之勝剛。天下莫不知。莫能行。是以聖人言。受國之垢。是謂社稷主。受國之不祥。是謂天下王。正言若反。」

水是《道德經》反覆論述其偉大戰無不勝；「改革開放政策」其無所不合的特性亦若水，形成《道德經》與改革開放政策的永恆吻合。

《道德經》第一章曰：「道可道。非常道。名可名。非常名」，改革開放政策其實施過程亦充滿「道可道」「名可名」的見解。第八十一章曰：「天之道。利而不害」；《道德經》是「利而不害」的天書，亦「聖人之道。為而不爭」。而改革開放政策亦同樣全找不到其不利語句和其他東西，而是與《道德經》珠聯壁合。結合得天衣無縫！

第三十九章的章句：「貴以賤為本。高以下為基」。看了這番話，使人感覺突然發現原來馬克思的無產階級理論來自老子《道德經》。所以陳子說，世界沒有中國人就沒有可說

的文明。因此七十七章的「天之道。損有餘以補不足。人之道則不然。損不足以奉有餘」。第三十九章和第七十七章內容相聯，構成世界唯一理想分配政制，促使國家永遠昌盛富強。把世界歷史打開，似乎根本找不到一種比配它更優秀方法；但能知此者，曾有幾人呢？

鄧小平先生也許洞悉《道德經》而徹底理解《道德經》，所以提出了「貓論」，促使改革開放政制成為永恆國策，更是世界上唯一強國富民的理想政策。

《道德經》是人類永恆天書，概納全人類總智慧並永恆指導人類無往不利。而改革如流水永恆向前；開放全無束縛的局限，兩者合一常性，輔助《道德經》推行「道法自然」，而相與天衣無縫的結果。《道德經》與改革開放相結合，是中國強盛民豐的永恆國策。

《道德經》第四十八章曰：

「取天下常以無事。及其有事。則不足以取天下。」

兩者的配合，是「無為」為人民謀福利；以之指導，必然成功無虞。

《道德經》第五十一章曰：

「莫不尊道而貴德。道之尊。德之貴。夫莫之命。而常自然。」

《道德經》是永恆守道遵道，同樣亦要「道可道。非常道」的改革並守德，倘能如此，則改革開放是永恆前進而無退國策。

《道德經》第七十五章曰：

「民之饑。以其上食稅之多。是以饑。民之難治。以

其上之有為。是以難治。」

顯示改革開放有其戰無不勝的威力和效能。

2.《道德經》「無為而無不為」的督導改革開放解決
中國百廢待興困難

《道德經》第三十七章曰：

「道常無為。而無不為。侯王若能守。萬物將自賓。」

《道德經》「無為」是指《道德經》哲理無所不包，戰無不勝；改革開放政策是「無為」，也亦戰無不勝。一切困難迎刃而解，稱之為「自賓」。

改革開放政策，政策持續守信性非常重要，必須堅持不捨。

3.《道德經》重信諾精神結合改革開放能取信於民

《道德經》第六十三章曰：

「夫輕諾。必寡信。多易。必多難。是以聖人猶慎之。故終無難。」

推行改革開放，在其過程中，要堅守其信用和承諾的結合，不然，必帶來失敗。這反映改革開放政策在推行中的重要方法和策略。

4.《道德經》「益之而損」的轉變性使改革開放有強大
應變能力

《道德經》第四十二章曰：

「故物或損之而益。或益之而損。人之所教。我亦教

之。強梁者不得其死。吾將以為教父。」

　　推行改革開放，要有長遠眼光，要透解「益」和「損」去安排計劃。在推行過程中切勿逞強勿冒險；逞強將「不得其死」，要時刻緊記此一教訓。

　　《道德經》第四十三章曰：

　　「天下之至柔。馳騁天下之至剛。無有入於無間。」

　　改革開放把握著剛柔並用，戰無不勝，而「無有入於無間」。

　　《道德經》第四十六章曰：

　　「罪莫大於可欲。禍莫大於不知足。咎莫大於欲得。不知足。知足常足。」

　　推行改革開放策略，應知始止，並「知足」。不為利和益所迷惑。

　　《道德經》第七十二章曰：

　　「民不畏威。大威至矣。無狹其所居。無厭其所生。夫惟不厭。是以不厭。是以聖人。自知不自見。自愛不自貴。故去彼取此。」

　　整個社會的核心問題，是分配問題，因分配不得法，社會一切亂也就發生。

　　改革開放，「天之道。損有餘以補不足。人之道則不然。損不足以奉有餘。孰能以有餘奉天下。惟有道者」。只要掌握「有餘」和「不足」，這社會聖經的指示，將兩者和諧而協調，社會根本問題也就完全解決。

5.《道德經》促使改革開放立竿見影並成績長存

《道德經》第七章曰：

「天長地久。天地所以能常且久者。以其不自生。故能長生。」

生活安定，供應充足，一切運作正常不亂，而分化、破壞、鬥爭等現象全不會發生，而社會安定和諧必然。

《道德經》第二十二章曰：

「曲則全。枉則直。」

社會充足，樣樣以和為貴，社會道德得到正確培養，「曲則全。枉則直」成為人民日常道德恆守，社會自然井井有條。無爭無鬥，豈不樂乎。

《道德經》第六十八章曰：

「善勝敵者不爭。善用人者。為之下。是謂不爭之德。是謂用人之力。是謂配天古之極。」

在明理順道教育下，人人皆有貢獻負責感，「是謂用人之力。是謂配天古之極」。社會事事尊道，人人行為合道，社會全皆井然無亂。

《道德經》第六十六章曰：

「江海所以為百谷王者。以其善下之。故所為百谷王。」

《道德經》普及社會，改革開放創造的社會豐盛，人人均懂道學，言之以理並且行為合道，社會人們一切舉動言行自然而然符合道理，社會自然包容無事。

《道德經》第八十一章曰：

「聖人不積。既以為人己愈有。既以與人己愈多。天

之道。利而不害。聖人之道。為而不爭。」

實踐是檢驗真理唯一標準。改革開放帶來證明，證明它是永恆國策只有利而無害，共總結語是：「**天之道。利而不害。聖人之道。為而不爭。**」

陳子「**但願誠心寫道德，何須着意做神仙**」。願以此勉勵終生。

中國自然天天走向輝煌璀璨。回憶少青年已立志愛我中華：

> 少年早與炎黃誓　灑血拋頭志不移
> 道德深藏救世哲　鞠躬盡瘁永無疑

改革開放是永恆國策，習近平主席青出於藍，提出一帶一路和世界共同體，迎接更光輝璀璨的時代必然到來！

鄧小平先生改革開放政策，和習近平先生世界共同體，和一帶一路，結合承接天衣無縫。

（十八）時代造就中華民族復興的機會

萬物應時而生，謂時來運到。天下正表現衰退徵兆，大利中華民族興起。中國向來民族傳統是以德報怨，正所謂「**天道無親。常與善人**」，中國的確是永恆善良的民族，造福全人類的民族。

鄧小平先生洞悉《道德經》，以貓論充分體現淋漓，此是察時代之衰，救時代之高見；習近平主席青出於藍，將改革開放擴大發展，以一帶一路，和世界共同體反映璀璨未來。

世界走向衰退先由歐洲和美國同時出現，必將擴展至全世界。

中國如何利用此機會興起。改革開放永是國策，誰人無知此國策，必然似瞎子登山失掉拐杖，摸頭不知尾，無處著手，束手受人欺凌。

知己知彼，百戰百勝，老祖教落必勝之戰略。《道德經》更具體說明怎樣戰及退，運用自察，必勝必贏。

《道德經》第六十三章曰：

「報怨以德。圖難於其易。為大於其細。天下難事必作於易。天下大事必作於細。是以聖人。終不為大。故能成其大。」

這番金石良言，世代領導人必須緊記心頭，若能如此，才可效勞中國人民。

《道德經》第六十四章曰：

「合抱之木。生於毫末。九層之臺。起於累土。千里之行。始於足下。」

辦事必須先由小而至大；一切由低而至高。《道德經》指導改革開放發展，先由本國開始，繼擴展而至亞洲。待亞洲發展成而完善，然後擴展至歐洲而至到全世界。

如此發展方向，是"摸著石頭過河"，安全穩當，萬無一失。

上面十八條哲學原則，聖人運用此十八條原則去處理國家政治、經濟、文化和科學教育，以唯德唯能和「無為而無不為」的品德去治國治民，人類可葆政通人和。

中國成功發展，影響整個世界，成為世界典範政制，啟導

全世界人類共邁世界大同。這種「道法自然」，與人無爭，與人無害，人人歡迎，「不敢為天下先」。中國發展亞洲帶動世界繁榮。《道德經》永遠是全人類天書，無所不包的指南。信《道德經》者得救，信《道德經》者，困難永恆迎刃而解。《道德經》全人類戰無不勝天書。

道德為宗永治本　中華必盛遠傳揚
普天共讚神州好　世界從今少災殃

第五節　《道德經》的實用價值之哲學部分結束語

《道德經》是人類知識的海洋，是永恆用之不竭的智慧寶藏。它面世已經有二千五百年的歷史，歷劫長存地高踞世界哲學寶座；戴着狂風暴雨摧打不掉的桂冠，永遠閃耀着璀璨雄渾的光輝，引聚着人類敬佩無止的目光。

老子是宇宙的精英，但他的《道德經》受盡封建統治者的凌辱、歪曲、污染，像迷霧中的明燈，時隱時現、時亮時晦、時用時廢，使中華民族近百年受盡西方的折磨和蹂躪。

老子哲學思想，通過道教在民間有根深蒂固的基礎。在某一特定時間裡，統治者認為有其利用價值則受大捧一番；政局稍為穩定時，又害怕其民主思想，產生動搖或推翻其政權的危機憂慮。如何去對待《道德經》思想此觸一髮而動全身的大事情，貶斥和取締肯定是不高明的措施；因此，選擇一種無爭的宗教去沖淡和抵消道家思想及道教的衝擊，是歷代統治者高瞻遠足的共識，亦是不變的措施和憂慮。

「聖人無常心。以百姓心為心」像一根鋼鞭，抽打着三宮六院三千女色的享受，和九五之尊的威嚴；但其想了皇帝想神仙的美夢，却將道士拉到自己的身邊。歷代儒家學者都不同情道士斷頭的處境，却指控道士的胡作非為，而放過了皇帝這個罪魁禍首，使道士、道學、道教蒙受不白之冤。

唐太宗父子善用道家取得天下，推行道治而取得輝煌成就；但危害江山的恐懼，恢復推行在古印度傳入的宗教。

中華民族患了思想風濕癱瘓症，由東漢明帝輸入古印度宗教開始，打開了大門戶，方便落後民族入主中原、增加落後頹

廢意識。玄奘取回西經後，中國病情更加惡化，使落後民族入主中原更加容易，而統治的時期延長。

明末以後，西方殖民主義宗教輸入：長病加上失血、貧血症與癱瘓症共纏一身，《道德經》陷入蒙塵的地步。

儒家思想失却道家思想作指導，變成中國社會延命的營養水；宋朝是儒家思想最盛時期，不但創不出超卓的武功，還招惹了落後民族的入侵並統治了中原。儒家思想的軟弱性，一目了然。宋朝半部《論語》治天下，帶來外族唾手可得。

中華民族的衰落原因，來自世襲帝王思想的統治、古印度宗教思想輸入的傳揚、落後民族入主中原破壞先進文明、西方殖民主義宗教腐蝕與瓦解民族思想，及世界列強掠奪與瓜分中華。這五隻魔鬼使中華民族迷失了道家思想，找不到民族前進的方向；在迷霧中碰碰撞撞並且相殘自鬥，給外國人牽着鼻子走，過着失却民族威嚴的痛苦生活，中國人毋忘此一慘痛！

辛亥革命後，中華民族擺脫了帝制的枷鎖，是進入新紀元的里程碑。可惜未能識破全世界的列強，都在採取愚弄瓜分中國的政策，把中國人推進自相殘殺的漩渦中；當時亦無人懂得運用道家思想去挽救漩渦的中華，浪費了接近一個世紀的時間。

要清除中華由五鬼所造成的舊患，《道德經》是「獨參湯」，可以藥到病除！

《道德經》是國家的靈魂，全體中華民族在五千年前原是血緣關連的一族，經過部族混戰而散播到中華大地；今天應在《道德經》哲學思想下團結起來，進行思想大融和，使用普通話大合唱，逐步走向血液大融和。這樣，中華民族就會更加和

順一門，為振興中華、為貢獻人類，創建豐功偉績。**據陳子經三十二年研究《道德經》以及歷朝興衰原因，堅信「道主儒輔」是中華民族永恆強盛唯一途徑。**

　　老子是萬方萬世的完人，他的哲學經典《道德經》，永遠是救人、救家、救民、救國、救世的聖經；它的科學哲學光芒，永遠照耀着全人類前進的大道。

　　全體中華民族團結起來，為了振興中華、貢獻人類，營造世界永久幸福、和平，共同在《道德經》這塊光輝璀璨的大磐石上，坐言起行，高歌「道主儒輔」。人類手牽着手、肩並着肩，邁向世界大同，組成人類世界共同體。

　　中國伏羲氏，明天理、洞悉人道，可惜當時欠缺文字以表達，唯獨以八卦圖文表達；老子繼承伏羲氏，是個更明天理悉人道的偉人，著《道德經》以啟化全人類；惜孔子知人道罔知天道，雖洞悉却局限了人道，將中國社會局限於分久必合、合久必分的發展。中國歷代帝王、文人，若能將道家之學與儒家兩者合壁以治國治家，中國由周朝開始已完成「普天之下莫非王土」！絕不會遭受西方工業革命後的凌辱，以至今天仍受美國戰爭經濟的災難。陳子由 1986 年開始，醉心研究《道德經》，並研究歷史，誠心提出「道主儒輔」，建議中國推行此主張。願無衰我中華。據陳子見解，「道主儒輔」既可全面繼承中華傳統文化點滴不漏，更可概括全人類文明精華於其中。敬請中國學者批評指導。

　　觀天之道，執天之行，盡矣！

　　人類永遠主導宇宙共向前進。中華民族是人類拓展者，永恆高舉全人類總哲學經典《道德經》啟導人類邁向世界大同。

　　《道德經》運籌帷幄，馬克思鋪路機。《道德經》面世二千五百年蒙羞難於推行，但 1949 年始中國驚天動地換新天。

　　「道主儒輔」有機地全面概納和涵蓋中國傳統思想，而與中國成功實踐：馬克思列寧主義、毛澤東思想、鄧小平理論、三個代表、科學發展觀相結合，永葆中國青春永恆兀立世界，與天地宇宙同今共古。

　　　　無邊宇宙雲椽瓦　　聲色無分是一家
　　　　道德為宗永治本　　天書恆受環球誇

　　（編者按：此節為原一九九三年初版時之終結。第三章全章為二〇一八年再版時新加之篇幅。）

第三章
介紹東西方兩種源同異合的哲學

第三章　介紹東西方兩種源同異合的哲學

緒論

　　中國俗語"買東西"，而不"買南北"，「東西」必然蘊藏有其密切不可分割的關連。相信「道常無為。而無不為」，可解決此一難題。能解者唯一的是中國人。東方的宋明理學西傳促使整個社會文明、生活超越中國。中國文明第二次拓展歐洲。當然，沉醉不甘回頭是岸，羞愧數典忘宗。如果為了忍辱負重當然頌歌敬佩他們是炎黃精英。當然，誰能倫比如此炎黃精英。

　　人類共源喜瑪拉雅山大平原，最早探頭朝拜太陽的陸地。中國人最早分徙黃河流域，得天獨厚，全人類文明源始伊始於此地。但西方人毋知恩義，中國人飽受西方掀起世界性煎熬；然而中國永不以仇報仇，總是堅持以德報怨，直到今天，仍堅持一帶一路，締造人類共同體，邁向世界大同。有謝改革開放鄧小平，以及發展承傳的習聖人。

　　左青龍右白虎，證明中華文化早於一萬一千年；伏羲氏圖文八卦，奠定中國人早知天地規律的地位；《黃帝內經》，早摸清人體大絡小經；老子的《道德經》，是全人類唯一唯能哲學的煉丹爐，將世界任何主義、思想、學說、政治、經濟、政治家、思想家、宗教家均煉成仙丹，貢獻全人類，共邁人類世

界必然的大同。

《道德經》在中國面世二千五百年，但無人能破讀《道德經》。陳子 1955 年接觸馬列主義，因而能破讀《道德經》。

鄧小平冠通老子《道德經》，以貓論演繹《道德經》的唯能核心哲學思想，打開中國宣揚《道德經》的新通道的大門。「道可道。非常道」，鄧小平的貓論把此哲學思想表明闡述淋漓盡致。改革永遠在船上，揚帆啟航向前。

習近平全面繼承發展鄧小平理論，提「一帶一路」發展世界人類共同體。陳子特為習聖世提出讚頌一聯：

資本衰亡天下亂　無為馬列可安邦
天書道德國根本　華夏興隆萬世昌

第一節　介紹東西方兩種源同異合的哲學

東方最具代表性的哲學是老子《道德經》。老子不但是中國哲學之父，並且全人類哲學之父。有關老子《道德經》全面詳細介紹和論述在《陳子論道》一書。由本書第一章至第二章詳細論述。

第三章則專門介紹馬克思主義的偉大世界歷史意義和任務。

　　　除暴安良有馬列　　唯能道德國無衰

此是頌揚習聖人時代最突出反映。

第二節　馬克思主義是西方唯一最先進代表性哲學

（一）介紹偉大唯物辯證者馬克思先生

馬克思先生生於 1818 年 5 月 5 日普魯士王國特里爾（現德國）人，終於 1883 年 3 月 14 日，享年 64 歲。盛譽 19 世紀哲學家。聞名世界著作：《共產黨宣言》、《資本論》等。學術領域：政治學、經濟學、哲學、社會學、歷史學、倫理學、自然科學。超卓學術思想：剩餘價值、勞動價值世界觀、階級鬥爭觀點、歷史唯物主義、世界共產主義觀。他的哲學、政治理論震撼西方世界，資本主義每況愈下，像西方太陽漸漸沉落。他的哲學、政治、經濟觀點影響整個世界的必然動向。

（二）馬克思主義為《道德經》世界化將來的偉大貢獻

人類源始喜瑪拉雅山大平原。其後分佈世界各地。四大文明古國，作了有力的說明。中國人得天獨厚，據居黃河流域。是人類文明的拓展者。左青龍右白虎文物出土，反映中國人文化早自一萬一千年歷史。八千年前的伏羲氏圖文八卦，神農嚐百草，黃帝的養蠶織布，《易經》蓋納天文地理，《道德經》是《易經》的精華。反映世界沒有中國人，世界沒有哲學。愛琴海是中國文明第一個傳播驛站，其後轉為意大利羅馬。宋明理學，傳至歐洲，產生各式各樣的哲學思想和制度。全人類思想源頭源中國。

　　馬克思生於 1818 年。站在哲學角度説，《道德經》是人類總哲學經典，而馬克思哲學應居第二位，指導世人破讀《道德經》，啟導人類將《道德經》世界化。所以陳子撰一聯歌頌馬克思先生：

馬列應時新世紀　　唯能道德展中華

　　《道德經》面世二千五百年。《道德經》是人類唯一唯能的煉丹爐，將世界任何主義、思想、學説、政治、經濟、政治家、思想家、宗教家煉成仙丹，貢獻全人類，馬克思是其中出類拔萃的哲學思想，為《道德經》世界化，作出偉大貢獻。

第三節　馬克思主義世界性的發展

馬克思主義的世界性發展分為六個時期；分述如下：

（一）列寧主義創立第一個社會主義國家蘇聯

馬克思認為無產階級取得政權，要世界性起義。然而，列寧却為世界第一個無產階級政權，提出應可藉資本主義薄弱一環建立政權。列寧在俄國建立第一個蘇維埃無產階級政權，動搖改變整個資本主義世界。世界進入社會主義革命年代。

列寧為馬克思主義可修改可改進提供根據，為發展和改進埋根而無畏批評。

列寧是世界上建立社會主義國家第一人，其偉大必重見天日，受世界歡迎尊崇的呼聲必響徹雲宵。

從「道可道。非常道。名可名。非常名」足以相信任何主義思想發展和改進，一切根據人民利益為基礎，合人民大眾，任何改革均受歡迎。全世界形形色色思想，均共冶一爐服務《道德經》的偉大中華。

總而言之，「非常道」是指改進必須有利人民群眾。

（二）毛澤東思想創立偉大新中國

毛澤東先生天才橫溢，無論詩詞或政治理論均出類拔萃。陳子把他與秦始皇並列，是中國歷史偉人。秦始皇創立中國第一始皇；毛澤東創立新中國第一人。

　　列寧將馬克思理論推前建立第一社會主義國家；毛澤東將
列寧主義推廣發揮，依靠農民用農村包圍城市取得中國革命成
功，建立新中國。

　　香港不少無知歷史的人罵名毛澤東，陳子對這些認識錯誤
者說：你個人角度罵得也許對，但沒有他先生哪裡有今天呢？
錯誤認識者激情軟下來。也許默認毛澤東是個偉人。

　　馬克思的偉大「兩個必然」到「兩個決不會」是偉大預言。
《推背圖》亦是預言，但似乎沒有那麼偉大的世界意義。

　　毛澤東先生因對階級論捏得太緊，所以產生十年文革災
難。

　　陳子撰聯：

主席天才階級誤　　不然盛譽響乾坤

　　《道德經》第二十九章云：

　　「將欲取天下而為之。吾見其不得已。天下神器。不
可為也。為者。敗之。執者。失之。故物或行。或隨。或
噓。或吹。或強。或羸。或載。或隳。是以聖人。去甚。
去奢。去泰。」

　　陳子永懷十年文革災難中國精英熱淚盈眶。

　　嗚呼，十年文革災難，惹來晚節不保。誠為一代天驕，嘆
息萬千。

　　謹願天下為政者，不忘精讀此第二十九章《道德經》。將
自己功績不斷發揮，拋棄一切缺點，成為一代聖君或聖人，時
刻謹守孔子曰：錯而能改，善莫大焉！能如此的人，必聖人無差。

（三）鄧小平理論

馬克思對「兩個必然」到「兩個決不會」貢獻是非常偉大；但鄧小平「白貓黑貓」唯能道家哲學和在資本主義衰亡中建設中國特色社會主義理論的偉大貢獻有過之而無不及。鄧小平先生對馬克思主義貢獻超凡；他救了中國救了世界，是世界偉人。他的偉大意義，與時俱增。

中國要發揮道家唯能哲學思想，慧眼識英雄：鄧小平確是世界難得偉人。

（四）江澤民先生

世界偉人鄧小平去世，江澤民掌中國共產黨總書記，掌握代表人類進步的命運；他含著熱淚表忠誠繼承鄧小平理論。此是難得驚人的承諾，雖然出現非完全理想的交接與胡錦濤先生，但在任完成一件大事：穩定中蘇長遠關係，讓俄國得以義無反顧地發展向歐的願望。

祝願江澤民先生晚年能重溫《道德經》，而「聊乘化以歸盡，樂夫天命復奚疑」！

（五）胡錦濤先生

漢韓信，受袴下之辱，助漢王而封小齊王，他終為此而受害。胡先生天降大任於斯人也，以偉大忍辱負重精神完成執政十年。胡先生碰上 5.12 汶川大地震，但終於否極泰來。

胡、溫兩者總是和諧協作，人民安樂於他們執政時期。

（六）習聖代一帶一路必將暢通世界

自《道德經》面世，能透解《道德經》者，未見幾人，更無人知道它是唯德唯能的哲學經典。習聖人超脫世上任何人對《道德經》的理解，並且對「不管白貓黑貓，捉到老鼠就是好貓」此驚天動地觀點理解亦超凡脫俗。鄧小平教導人們理論必須始終與實用相結合，工作立竿見影。這觀點啟導中國共產黨員為官要全心全意服務人民，名留青史。習聖人全面超脫繼承而取得廣泛卓著成就。在馬克思二百週年誕辰日提出馬克思主義新的實踐意義，更是真知灼見。陳子對習聖人卓見撰一聯：

道德為宗永治本　推崇馬列掃門庭

習聖人繼承道家唯能鄧小平理論而更加發揚推行一帶一路人類世界共同體；並反映將《道德經》唯能思想發展而貢獻世界。

偉大毛澤東領導中國共產黨取得成功，建立偉大新中國。毛先生十年文革災難，經鄧小平先生改革開放，天才發展馬克思理論，在西方資本主義衰亡中建設中國特色社會主義；在此基礎上，習聖人接手後將此基礎充分發揮，把胡、溫兩代遺留問題切實穩步解決，發揚運用馬克思思想服務時代，徹底性發揮鄧小平唯能道家哲學思想，推行一帶一路偉大世界性構思，建設世界人類共同體理想，促使中國必然性邁向永恆富強。

陳子為偉大習聖人時代再撰一聯：

　　道宗儒輔治中國　　馬列明燈創富強

　　習聖人時代展開，中華民族邁向世界大同，永恆強盛無衰。

　　《陳子論道》一書全卷完成並出版，恭候中國學者和人民批評指教。

　　　　道德滿天下　　人間無妄凶

　　　　大限民主自由式〇三五年
　　　　民主自由如水火　　一人僅剩亦無休
　　　　唯能道德是靈藥　　道主儒家世所求

　　　　二〇一八年五月八日（夏曆戊戌年三月二十三日）

　　　　　　　　陳霖生　編著
　　　　　一九九三年八月十六日定稿於香港
　　　　　　一九九三年十月九日　初版
　　　二〇一八年（戊戌）夏曆三月二十三日　再版

後 記

「故貴以賤為本。高以下為基」；「萬物生於有。有生於無」；「天道無親。常與善人」；「強梁者不得其死」，永銘心間毋忘。若能如此「言有宗。事有君」；並「治人。事天。莫若嗇」，相信終生無憾，事運亨通，快樂永生。

首先慶幸謹謝陳湘記圖書有限公司發行出版《陳子論道》此書。《陳子論道》能成書，要多謝總編輯陳舜書博士、秘書范婉文小姐。

喜得香島中學第九屆同學劉成湘書法家賜題字書名。

提起香島，不能不記起同學廖笑薇。時值高中畢業，家遭石湖墟大火，家財僅剩一百二十七圓；得聯豐藥行全力支持，而廖笑薇同學支援食住得以完成畢業並回國升大學。今天能寫《陳子論道》，與她有莫大關連。

還有，初高中班主任，葉肇安、陳啟鑠、陳麗芳、張仲熙四位老師，他們是關注品德、學習的老師。他們的恩賜銘學生我心中，功獻永刻中國香港教育史中。

1986年接觸《道德經》勤奮苦研，深感「報應」滿佈全書，《陳子論道》出版後醉心編寫此書。

誓為神州謀幸福　勤研道德獻中華

　　智慧是大家的，每逢出版一書無限感激和感慨大家；是福是幸。

世界道學社長

陳霖生（道陳子）

二〇一八年七月一日

香港回歸 21 週年

在璀璨的星光下
世界無不騙人的人
無不騙人的政治
無不騙人的宗教
無為而無不為則無騙
《道德經》永遠是人類唯一天書

中國歷史
分久必合　合久必分
全由中國帝制
和儒家欠缺唯德唯能哲學指導造成
《道德經》概括千變萬化哲學原理
永恆解決人類任何困難
《道德經》是全人類總天書

中國人
懂《道德經》者希若晨星
萬籍皆次等　唯一《道德經》
晨早當思謀生計
閑時應讀《道德經》
中國必然永恆富強
只有《道德經》能夠救世界
中國啟導世界共大同

—　陳子曰

《道德经》古本

道門古本《道德經》序

本人經常告訴四位兒女：

世界上沒有中華民族，人類永遠不會有完美啟始文明文化和完美人類復興文化！道主儒輔，永葆「不自生」而「長生」的與時俱進璀璨強國富民國策。

由中國細緻查考至世界文化每一個細角，每一家一派一國無不是政治文化和歷史，因此災難綿延不絕，無止無終，直至今天而至將來！然而唯獨在亞洲黃河流域中國人創居地能找到唯一唯能道家哲學思想《道德經》！它是全人類永恆總哲學。

政治歷史是興久必衰，衰久必興地回輪交替。紂桀文革是個典型的歷史範例。總反映政治歷史必然興衰交替回輪道理。西方全是政治歷史，興衰回輪必然；中國國策道主儒輔永葆永盛無衰，世代相傳。

《道德經》自二千五百年前面世，無人能破讀此人類唯一能哲學經典；孔子"克己復禮"反映孔子面對《道德經》無可置評，只能問禮老子而讚揚老子和《道德經》。不但孔子如此，就說由老子至今敢言破解者，全無一人；唯獨鄧小平先生的貓論言論：「白貓黑貓，捉到老鼠是好貓。」道破《道德經》是唯能哲學經典，以改革開放救了中國救了世界，塑造了鄧小平不但是中國偉人並且是世界偉人。鄧小平的一國兩制是世界未來的人類典範政制，到習近平將其發展，提出一帶一路的世界共同富裕思想，促使人類邁向大同，而西方經濟衰退已露出端倪。促使以戰爭經濟侵略和掠奪世界的美國遷怒中國發展出貿易戰，為害世界。只要中國人高舉唯能《道德經》：「道常

無名。樸雖小。天下不敢臣。侯王若能守。萬物將自賓。」
世界霸凌者，無一不「自賓」！

　　中國有急性者會以"政治人生"觀的無知道家唯能哲學
者，不知是有心還是無意，以政治人生蒙騙國人和聖人，刺
激了美國蠻牛加劇貿易戰制裁中國。尚對此蠻牛採用唯能道家
「善者。吾善之。不善者。吾亦善之」和「治人。事天。
莫若嗇」策略，制美於寂靜無聲而解決矛盾並平靜和諧處理。

　　「革命輸出」和「鬥爭永恆」，已經為鄧小平貓論將馬克
思中國化冷卻而平靜，但卻有人無知欲促此死灰復燃。鄧小平
再三提醒黨人防左！左是亡國亡黨思想，要永遠銘刻於心！倘
若堅守此防左原則，共產黨萬歲是完全可能！

　　中國知識份子永銘陸游名詩：

　　　　死去元知萬事空，但悲不見九州同。
　　　　王師北定中原日，家際無忘告乃翁。

　　毋忘防左！黨國永葆富強！

　　世界歷史無不是政治歷史！是衰亡災難的歷史！道家唯能
永遠督導人民國家永葆富強！

　　謹記「將欲取天下而為之。吾見其不得已。天下神器。
不可為也。為者。敗之。執者。失之。」

　　《道德經》永恆是人類輾土機和修道機，邁輾至人類大同
永遠不止不休。「天地之所以能長且久者，以其不自生」，
《道德經》亦同萬古永存。

　　　　道德為宗儒作輔　中華強盛永無衰

　　　　　　　　　　陳霖生 編著
　　　　　　　　　　二〇一八年八月八日

《道德經》古本

第一章

道可道。非常道。名可名。非常名。無名天地之始。有名萬物之母。故常無欲以觀其妙。有欲以觀其竅。此兩者。同出而異名。同謂之元。元之又元。眾妙之門。

第二章

天下皆知。美之為美。斯惡已。善之為善。斯不善已。故有無相生。難易相成。長短相較。高下相傾。音聲相合。前後相隨。是以聖人處無為之事。行不言之教。萬物作焉而不辭。生而不有。為而不恃。功成而不居。夫惟弗居。是以不去。

第三章

不尚賢。使民不爭。不貴難得之貨。使民不為盜。不見可欲。使心不亂。是以聖人之治。虛其心。實其腹。弱其志。強其骨。常使民。無知無欲。使夫知者。不敢為也。為無為。則無不治。

第四章

道沖而用之。或不盈。淵兮。似萬物之宗。銼其銳。解其紛。和其光。同其塵。湛兮。似或存。吾不知誰之子。象帝之先。

第五章

天地不仁。以萬物為芻狗。聖人不仁。以百姓為芻狗。天地之間。其猶橐籥乎。虛而不屈。動而愈出。多言數窮。不如守中。

第六章

谷神不死。是為元牝。元牝之門。是為天地根。綿綿若存。用之不勤。

第七章

天長地久。天地所以能常且久者。以其不自生。故能長生。是以聖人。後其身而身先。外其身而身存。非以其無私邪。故能成其私。

第八章

上善若水。水善利萬物。而不爭。處眾人之所惡。故幾於道。居善地。心善淵。與善仁。言善信。正善治。事善能。動善時。夫唯不爭。故無尤。

第九章

持而盈之。不如其已。揣而銳之。不可長保。金玉滿堂。莫之能守。富貴而驕。自遺其咎。功成名逐身退。天之道。

第十章

載營魄。抱一能無離。專氣致柔能嬰兒。滌除元覽能無疵。愛民治國能無知。天門開闔能無雌。明白四達能無知。生之。畜之。生而不有。為而不恃。長而不宰。是謂元德。

第十一章

三十輻共一轂。當其無。有車之用。埏埴以為器。當其無。有器之用。鑿戶牖以為室。當其無。有室之用。故有之以為利。無之以為用。

第十二章

五色令人目盲。五音令人耳聾。五味令人口爽，馳騁田獵。令人心發狂。難得之貨。令人心防。是以聖人為腹不為目。故去彼。取此。

第十三章

寵辱若驚。貴大患若身。何謂寵辱若驚。寵為下。得之若驚。失之若驚。何謂貴大患若身。吾所以有大患者。為吾有身。及吾無身。吾有何患。故貴以身為天下者。則可寄於天下。愛以身為天下者。乃可託於天下。

第十四章

視之不見。名曰。夷。聽之不聞。名曰。希。搏之不得。名曰。微，此三者。不可致詰。故混而為一。其上不皦。其下不昧。繩繩不可名。復歸於無物。是謂無狀之狀。無物之象。是為恍惚。迎之不見其首。隨之不見其後。執古之道。以御今之有。能知古始。是謂道紀。

第十五章

古之善為士者。微妙元通。深不可識。夫唯不可識。故強為之容。豫兮。若冬涉川。猶兮。若畏四鄰。儼兮。其若客。渙兮。若冰之將釋。敦兮。其若樸。曠兮。其若谷。渾兮。其若濁。孰能濁以澄。靜之徐清。孰能安以久。動之徐生。保此道者。不欲盈。夫唯不盈。故能敝。不新成。

第十六章

致虛極。守靜篤。萬物並作。吾以觀其復。夫物芸芸。各復歸其根。歸根。曰。靜。靜。曰。復命。復命。曰。常。知常。曰。明。不知常。妄作凶。知常容。容乃公。公乃王。王乃天。天乃道。道乃久。歿身不殆。

第十七章

太上下知有之。其次親之。譽之。其次畏之。其次侮之。信不足焉。有不信焉。悠兮。其貴言。功成事遂。百姓皆謂我自然。

第十八章

大道廢。有仁義。智慧出。有大偽。六親不和有孝慈。國家昏亂有忠臣。

第十九章

絕聖。棄智。民利百倍。絕仁。棄義。民反孝慈。絕巧。棄利。盜賊無有。此三者。以為文不足。故令有所屬。見真抱璞。少思寡欲。

第二十章

絕學無憂。唯之與阿。相去幾何。善之與惡。相去何若。人之所畏。不可不畏。荒兮。其未央哉。眾人熙熙。如享太牢。如登春臺。我獨泊兮其未兆。如嬰兒之未孩。乘乘兮。若無所歸。眾人皆有餘。我獨若遺。我愚人之心也哉。沌沌兮。俗人昭昭。我獨若昏。俗人察察。我獨悶悶。淡兮其若晦。飄兮。若無所止。眾人皆有以。我獨頑且鄙。我獨異於人。而貴食母。

第二十一章

孔德之容。惟道是從。道之為物。惟恍惟惚。恍兮。惚兮。其中有象。恍兮。惚兮，其中有物。窈兮。冥兮。其中有精。其精甚真。其中有信。自今及古。其名不去。以閱眾甫。吾何以知眾甫之狀哉。以此。

第二十二章

曲則全。枉則直。窪則盈。弊則新。少則得。多則惑。是以聖人。抱一以為天下式。不自見故明。不自是故彰。不自伐故有功。不自矜故長。夫惟不爭。故天下莫與之爭。古之所謂。曲則全者。豈虛言哉。誠全而歸之。

第二十三章

希言自然。故飄風不終朝。驟雨不終日。孰為此者。天地。天地尚不能久。而況於人乎。故從事於道者。道者同於道。得者同於得。失者同於失。同於道者。道亦樂得之。同於得者。得亦樂得之。同於失者。失亦樂失之。信不足焉。有不信焉。

第二十四章

跂者不立。跨者不行。自見者不明。自是者不彰。自伐者無功。自矜者不長。其於道也。曰。餘食贅行。物或惡之。故有道者。不處也。

第二十五章

有物渾成。先天地生。寂兮。寥兮。獨立而不改。周行而不殆。可以為天地母。吾不知其名。字之曰道。強為名之曰。大。大曰。逝。逝曰。遠。遠曰。反。故道大。天大。地大。王亦大。域中有四大。王居其一焉。人法地。地法天。天法道。道法自然。

第二十六章

重為輕根。靜為躁君。是以聖人。終日行。不離輜重。雖有榮觀。燕處超然。奈何以萬乘之君。而以身輕天下。輕則失臣。躁則失君。

第二十七章

善行無轍迹。善言無瑕讁。善計不用籌策。善閉不用關鍵。而不可開。善結無繩約。而不可解。是以聖人常善救人。故無棄人。常善救物。故無棄物。是謂襲明。故善人者。不善人之師。不善人者。善人之資。不貴其師。不愛其資。雖智大迷。是謂要妙。

第二十八章

知其雄。守其雌。為天下谿。為天下谿。常德不離。復歸於嬰兒。知其白。守其黑。為天下式。為天下式。常德不忒。復歸於無極。知其榮。守其辱。為天下谷。為天下谷。常德乃足。復歸於樸。樸散而為器。聖人用之。而為長官。故大制不割。

第二十九章

將欲取天下而為之。吾見其不得已。天下神器。不可為也。為者。敗之。執者。失之。故物或行。或隨。或噓。或吹。或強。或羸。或載。或隳。是以聖人。去甚。去奢。去泰。

第三十章

以道佐人主者。不以兵強天下。其事好還。軍之所處。荊棘生焉。大軍之後。必有凶年。不善者。果而已。不可以取強。果而勿矜。果而勿伐。果而勿驕。果而不得已。果而勿強。物壯則老。是為不道。不道早已。

第三十一章

夫佳兵者。不祥之器。物或惡之。故有道者不處。是以君子。居則貴左。用兵則貴右。兵者。不祥之器。非君子之器。不得已而用之。恬澹為上。勝而不美。而美之者。是樂殺人。夫樂殺人者。則不可得志於天下矣。故吉事尚左。凶事尚右。偏將軍居左。上將軍居右。言以喪禮處之。殺人眾多。以悲哀泣之。戰勝。以喪禮處之。

第三十二章

道常無名。樸雖小。天下不敢臣。侯王若能守。萬物將自賓。天地相合。乃降甘露。人莫之令而自均。始制有名。名亦既有。夫亦將知止。知止所以不殆。譬道之在天下。猶川谷之在於江海也。

第三十三章

知人者。智。自知者。明。勝人者。有力。自勝者。強。知足者。富。強行者。有志。不失其所者。久。死而不亡者。壽。

第三十四章

大道汜兮。其可左右。萬物恃之以生。而不辭。功成不名有。衣被萬物。而不為主。常無欲。可名於小。萬物歸兮。而不為主。可名於大。是以聖人終不為大。故能成其大。

第三十五章

執大象。天下往。往而不害。安乎泰。樂與餌。過客止。道之出口。淡乎其無味。視之不可見。聽之不可聞。用之而不既。

第三十六章

將欲噏之。必固張之。將欲弱之。必固強之。將欲廢之。必固興之。將欲奪之。必固與之。是謂微明。柔弱勝剛強。魚不可脫於淵。國之利器。不可以示人。

第三十七章

道常無為。而無不為。侯王若能守。萬物將自賓。化而欲作。吾將鎮之。以無名之樸。無名之樸。亦將不欲。不以欲爭。天下自正。

第三十八章

上德不德。是以有德。下德不失德。是以無德。上德為之。而無以為。下德為之。而有以為。尚仁為之而無以為。尚義為之而有以為。尚禮為之而莫之應。則攘臂而仍之。故道失而後德。德失而後仁。仁失而後義。義失而後禮。夫禮者。忠信之薄也。亂之首也。前識者。道之華。愚之始也。是以大丈夫居其厚。不居其薄。處其實。不處其華。故去彼。取此。

第三十九章

昔之得一者。天得一以清。地得一以寧。神得一以靈。谷得一以盈。萬物得一以生。侯王得一以為天下貞。其致之一也。天無以清。將恐裂。地無以寧。將恐發。神無以靈。將恐歇。谷無以盈。將恐竭。萬物無以生。將恐滅。侯王無以貞。貴高將恐蹶。故貴以賤為本。高以下為基。侯王自謂。孤寡不穀。此以賤為本。非乎。故致數車。無車不欲。琭琭如玉。落落如石。

第四十章

反者。道之動。弱者。道之用。天下萬物生於有。有生於無。

第四十一章

上士聞道。勤而行之。中士聞道。若存若亡。下士聞道。大笑之。不笑不足以為道。故建言者有之。明道若昧。進道若退。夷道若類。上德若谷。大白若辱。廣德若不足。建德若偷。質直若渝。大方無隅。大器晚成。大音希聲。大象無形。夫惟道。善貸且成。

第四十二章

道生一。一生二。二生三。三生萬物。萬物負陰而抱陽。沖氣以為和。人之所惡。惟孤寡不穀。而王公以為稱。故物或損之而益。或益之而損。人之所教。我亦教之。強梁者不得其死。吾將以為教父。

第四十三章

天下之至柔。馳騁天下之至剛。無有入於無間。吾是以知無為之有益。不言之教。無為之益。天下希及之。

第四十四章

名與身孰親。身與貨孰多。得與亡孰病。是故甚愛必大費。多藏必厚亡。知足不辱。知止不殆。可以長久。

第四十五章

大成若缺。其用不敝。大盈若沖。其用不窮。大直若屈。大巧若拙。大辯若訥。燥勝寒。靜勝熱。清靜為天下正。

第四十六章

天下有道。却走馬以糞。天下無道。戎馬生於郊。則罪莫大於可欲。禍莫大於不知足。咎莫大於欲得。不知足。知足常足。

第四十七章

不出戶。知天下。不窺牖。見天道。其出彌遠。其知彌少。是以聖人。不行而知。不見而名。不為而成。

第四十八章

為學日益。為道日損。損之又損。以至於無為。無為。則無不為之矣。故取天下常以無事。及其有事。則不足以取天下。

第四十九章

聖人無常心。以百姓心為心。善者。吾善之。不善者。吾亦善之。信者。吾信之。不信者。吾亦信之。聖人之在天下。惵惵為天下渾其心。百姓皆注其耳目。聖人皆孩之。

第五十章

出生入死。生之徒。十有三。死之徒。十有三。人之生。動之死。地亦十有三。夫何故。以其生生之厚。蓋聞善攝生者。陸行不遇兕虎。入軍不被甲兵。兕無所投其角。虎無所措其爪。兵無所容其刃。夫何故。以其無死地。

第五十一章

道生之。德蓄之。物形之。勢成之。是以萬物。莫不尊道而貴德。道之尊。德之貴。夫莫之命。而常自然。故道生之。德蓄之。長之。育之。成之。熟之。養之。覆之。生而不有。為而不恃。長而不宰。是謂元德。

第五十二章

天下有始。以為天下母。既得其母。以知其子。既知其子。復守其母。沒身不殆。塞其兌。閉其門。終身不勤。開其兌。濟其事。終身不救。見小曰明。守柔曰強。用其光。復歸其明。無遺身殃。是謂襲常。

第五十三章

使我介然有知。行於大道。惟施是畏。大道甚夷。而民好徑。朝甚除。田甚蕪。倉甚虛。服文采。佩利劍。厭飲食。財貨有餘。是謂道夸。非道也哉。

第五十四章

善建者。不拔。善抱者。不脫。子孫祭祀不輟。修之於身。其德乃真。修之於家。其德乃餘。修之於鄉。其德乃長。修之於國。其德乃豐。修之於天下。其德乃普。故以身觀身。以家觀家。以鄉觀鄉。以國觀國。以天下觀天下。吾何以知天下之然哉。以此。

第五十五章

含德之厚。比於赤子。毒蟲不螫。猛獸不據。攫鳥不搏。骨弱筋柔而握固。未知牝牡之合而朘作。精之至也。終日號而嗌不嗄。和之至也。知和曰常。知常曰明。益生曰祥。心使氣曰強。物壯則老。是謂不道。不道早已。

第五十六章

知者。不言。言者。不知。塞其兌。閉其門。銼其銳。解其紛。和其光。同其塵。是謂元同。故不可得而親。不可得而疏。不可得而利。不可得而害。不可得而貴。不可得而賤。故為天下貴。

第五十七章

以正治國。以奇用兵。以無事取天下。吾何以知其然哉。以此。夫天下多忌諱。而民彌貪。人多利器。國家昏亂。人多技巧。奇物滋多。法令滋彰。盜賊多有。故聖人云。我無為。而民自化。我好靜。而民自正。我無事。而民自富。我無欲。而民自樸。

第五十八章

其政悶悶。其民淳淳。其政察察。其民缺缺。禍兮。福所倚。福兮。禍所伏。孰知其極。其無正也。正復為奇。善復為妖。人之迷。其日固久。是以聖人。方而不割。廉而不劌。直而不肆。光而不耀。

第五十九章

治人。事天。莫若嗇。夫惟嗇。是謂早服。早服。謂之重積德。重積德。則無不克。無不克。則莫知其極。莫知其極。可以有國。有國之母。可以長久。是謂根深固蒂。長生久視之道。

第六十章

治大國。若烹小鮮。以道莅天下。其鬼不神。非其鬼不神。其神不傷人。非其神不傷人。聖人亦不傷人。夫兩不相傷。故德交歸焉。

第六十一章

大國者。下流。天下之交。天下之牝。牝常以靜勝。牡以靜為下。故大國以下小國。而取小國。小國以下大國。而取大國。故或下以取。或下而取。大國不過欲兼畜人。小國不過欲入事人。夫兩者。各得其所欲。故大者。宜為下。

第六十二章

　　道者。萬物之奧。善人之寶。不善人之所保。美言可以市。尊行可以加人。人之不善。何棄之有。故立天子。置三公。雖有拱璧。以先駟馬。不若坐進此道。古之所以貴此道者。不曰求以得。有罪以免耶。故為天下貴。

第六十三章

　　為無為。事無事。味無味。大小多少。報怨以德。圖難於其易。為大於其細。天下難事必作於易。天下大事必作於細。是以聖人。終不為大。故能成其大。夫輕諾。必寡信。多易。必多難。是以聖人猶慎之。故終無難。

第六十四章

　　其安。易持。其未兆。易謀。其脆。易破。其微。易散。為之於未有。治之於未亂。合抱之木。生於毫末。九層之臺。起於累土。千里之行。始於足下。為者敗之。執者失之。是以聖人。無為亦無敗。無執亦無失。民之從事。常於幾成而敗之。慎終如始。則無敗事。是以聖人欲不欲。不貴難得之貨。學不學。復眾人之所過。以輔萬物之自然。而不敢為。

第六十五章

古之善為道者。非以明民。將以愚之。民之難治。以其智多。故以智治國。國之賊。不以智治國。國之福。知此兩者。亦楷式。能知楷式。是為元德。元德深矣。遠矣。與物反矣。然後乃至大順。

第六十六章

江海所以為百谷王者。以其善下之。故所為百谷王。是以欲上民。必以言下之。欲先民。必以身後之。是以聖人處上。而民不重。處前。而民不害。是以天下樂。推之不厭。以其不爭。故天下。莫能與之爭。

第六十七章

天下皆謂我大似不肖。若肖。其細也。久矣。我有三寶。保而持之。一曰慈。二曰儉。三曰不敢為天下先。夫慈故能勇。儉故能廣。不敢為天下先。故能成其大。今捨慈且勇。捨儉且廣。捨後且先。死矣。夫慈。以戰則勝。以守則固。天將救之。以慈衛之。

第六十八章

善為士者。不武。善戰者。不怒。善勝敵者不爭。善用人者。為之下。是謂不爭之德。是謂用人之力。是謂配天古之極。

第六十九章

用兵有言。吾不敢為主。而為客。不敢進寸而退尺。是謂行無行。攘無臂。仍無敵。執無兵。禍莫大於輕敵。輕敵則幾喪吾寶。故抗兵相加。哀者勝之。

第七十章

吾言甚易知。甚易行。天下莫能知。莫能行。言有宗。事有君。夫惟莫知。是以不我知。知我者希。則我貴矣。是以聖人。被褐懷玉。

第七十一章

知不知。上。不知知。病。夫惟病病。是以不病。聖人不病。以其病病。是以不病。

第七十二章

民不畏威。大威至矣。無狹其所居。無厭其所生。夫惟不厭。是以不厭。是以聖人。自知不自見。自愛不自貴。故去彼取此。

第七十三章

勇於敢則殺。勇於不敢則活。此兩者。或利或害。天之所惡。孰知其故。是以聖人尤難之。天之道。不爭而善勝。不言而善應。不召而自來。坦然而善謀。天網恢恢。疏而不漏。

第七十四章

民不畏死。奈何以死懼之。若使民常畏死。而為奇者。吾得執耳殺之。孰敢。常有司殺者殺。夫代司殺者殺。是謂代大匠斲。夫代大匠斲。希有不傷其手矣。

第七十五章

民之饑。以其上食稅之多。是以饑。民之難治。以其上之有為。是以難治。民之輕死。以其求生之厚。是以輕死。夫惟無以生為者。是賢於貴生。

第七十六章

人之生也柔弱。其死也堅強。萬物草木之生也柔脆。其死也枯槁。堅強也。死之徒。柔弱也。生之徒。是以兵強則不勝。木強則拱。強大處下。柔弱處上。

第七十七章

天之道。其猶張弓乎。高者。抑之。下者。舉之。有餘者。損之。不足者。補之。天之道。損有餘以補不足。人之道則不然。損不足以奉有餘。孰能以有餘奉天下。惟有道者。是以聖人。為而不恃。功成而不處。不欲見賢也。

第七十八章

天下柔弱。莫過於水。而攻堅強者。莫之能勝。其無以易之。弱之勝強。柔之勝剛。天下莫不知。莫能行。是以聖人言。受國之垢。是謂社稷主。受國之不祥。是謂天下王。正言若反。

第七十九章

和大怨。必有餘怨。安可以為善。是以聖人執左契。而不責於人。故有德司契。無德司徹。天道無親。常與善人。

第八十章

小國寡民。使有什佰人之器而不用。使民重死。而不遠徙。雖有舟車。無所乘之。雖有甲兵。無所陳之。使民復結繩而用之。甘其食。美其服。安其居。樂其俗。鄰國相望。雞犬之聲相聞。民至老死。不相往來。

第八十一章

信言不美。美言不信。善者不辯。辯者不善。知者不博。博者不知。聖人不積。既以為人己愈有。既以與人己愈多。天之道。利而不害。聖人之道。為而不爭。

陳子論道 《道德經》的實用價值（哲學部分）

作　者	陳霖生　編著
出　版	陳湘記圖書有限公司
地　址	新界葵涌葵榮路 40-44 號任合興工業大廈 3 樓 A 室
電　話	2573 2363
傳　真	2572 0223
電　郵	info@chansheungkee.com
印　刷	新設計印刷有限公司
出版日期	2019 年 6 月
售　價	港幣 120 元
ISBN	978-962-932-183-3